让我们一起学跳绳

幼儿跳绳教师实用手册

李文记　主编

清华大学出版社
北京

内 容 简 介

跳绳已成为我国中小学生体质健康测试的必考项目，在这个良好的跳绳项目普及氛围下，幼儿跳绳也得以迅速发展，许多地区还将其视为"幼小衔接"的重要环节。本书按五个板块解读了幼儿跳绳的各个方面。第一部分探讨了3～6岁儿童的身体发展特征以及素质发展的敏感期，为幼儿跳绳的实施提供了理论依据。第二部分从跳绳项目及其动作本身出发分析跳绳的动作结构，为幼儿跳绳动作的选择与塑造奠定基础。第三部分是本书的核心内容，围绕幼儿跳绳的教学和训练，探讨基本原则、方法、教学方案设计及基本技巧。第四部分结合幼儿的年龄与心理特征介绍了跳绳儿歌与童谣的创作理论、技巧、方法及案例。第五部分重点介绍了幼儿跳绳教师的培训与提升及幼儿跳绳竞赛的组织流程、项目设置、规则要点及评分标准、保障措施等内容。本书通过对上述内容的深入分析，力求为幼儿教育工作者的跳绳教学提供关键的指导和参考依据，同时为家长指导幼儿进行跳绳练习提供有益借鉴。

图书在版编目（CIP）数据

让我们一起学跳绳：幼儿跳绳教师实用手册 / 李文记主编. -- 北京：清华大学出版社，2025.7. -- ISBN 978-7-302-69803-6

Ⅰ. G613.7

中国国家版本馆CIP数据核字第2025D9K086号

责任编辑：张尚国
封面设计：秦　丽
版式设计：楠竹文化
责任校对：范文芳
责任印制：宋　林

出版发行：清华大学出版社
　　　　　网　　址：https://www.tup.com.cn，https://www.wqxuetang.com
　　　　　地　　址：北京清华大学学研大厦A座　　　　邮　编：100084
　　　　　社 总 机：010-83470000　　　　　　　　邮　购：010-62786544
　　　　　投稿与读者服务：010-62776969，c-service@tup.tsinghua.edu.cn
　　　　　质量反馈：010-62772015，zhiliang@tup.tsinghua.edu.cn
印 装 者：大厂回族自治县彩虹印刷有限公司
经　　销：全国新华书店
开　　本：170mm×240mm　　　印　张：17　　　字　数：249千字
版　　次：2025年9月第1版　　　　　　　　印　次：2025年9月第1次印刷
定　　价：62.80元

产品编号：106921-01

前　言

PREFACE

　　跳绳是我国的传统民俗体育活动之一，拥有超过 2000 年的历史。加强跳绳的普及与推广不仅可以深入解读和宣传这一传统体育项目的文化内涵，也对古代文化遗产的考证具有重要意义，同时对保护和传播中华民族的历史文化具有深远影响。跳绳从最初的庭院游戏演变为如今广泛流行的健身活动和校园推广项目，受到大众的喜爱。跳绳以其多样的运动形式、简单易学的操作、安全可靠的落地方式，以及显著的健身效果，被视为幼儿体育活动的首选。跳绳不仅能显著改善幼儿的速度、力量、协调性、灵敏度、柔韧性、爆发力和耐力，还能有效提升幼儿心智、意志力和协作能力。

　　近年来，跳绳已在校园体育活动中广泛开展，在基础教育阶段体现得尤为明显。跳绳成为我国中小学生体质健康测试的必考项目，而且是小学生体测的唯一加分项目。跳绳被全国许多城市纳入中考体育项目，为促进学生的身心健康做出了重要贡献。在良好的跳绳项目普及氛围下，幼儿跳绳得到迅速发展，越来越多的家长、幼教工作者对跳绳项目给予了更多关注，许多地区将其视为"幼小衔接"的重要环节。然而，目前我国在幼儿跳绳方面尚缺乏系统、成熟和完整的教材或参考书，这在一定程度上制约了该项目的推广与发展。因此，编写一本适合幼儿特点的跳绳教材势在必行。

　　本书分为五个内容板块，各板块的撰写者及主要内容如下：第一部分"3～6岁，幼儿跳绳正当时"（李文记、朱新宇），探讨了 3～6 岁儿童的身体发展特征及素质发展的敏感期，为幼儿跳绳的实施提供了理论依据。第二部分"拆解跳绳动作结构"（李文记、刘梅雨），从跳绳项目及其动作本身出发，分析跳绳的动作结构，为幼儿跳绳动作的选择与塑造奠定基础。第三部分"幼儿跳绳方法全案"（李文记、金盼盼、孟悦、韩姝、林红彦、刘嫱、王卫萍），为本书的核心内容，围绕幼儿跳绳的教学和训练，探讨基本原则、方法、教学方案设计及基本技巧。第四部分"儿歌与童谣——流动的音符"（李文记、王亚军、马晓宁），结合幼儿的年龄与心理特征，介绍了跳绳儿歌与童谣的创作理论、技巧、方法及案例。第五部分"幼儿跳绳的领航者、组织规则与基本保障"，专注于幼儿跳绳教师的培训与提升，从基本素养、业务要求、能力技能、教学设计及执行策略等方面进行探讨；同时，涵盖幼儿跳绳竞赛的组织流程、项目设置、规则要点及评分标准等内容（李文记、陈子敬、杨帅）。这部分内容为本书的拓展板块，由于篇幅所限，详细内容请读者扫码阅读。

本书的编写工作，得到了山东师范大学体育学院、中国少数民族体育协会跳绳运动委员会及山东省跳绳运动协会的大力支持。特别是在素材整理、视频录制及文稿校对等方面，他们提供了宝贵的协助，贡献了诸多优质的思路和建议，促进了本书顺利完成。

尽管作者在跳绳的教学、训练、推广及竞赛领域已经积累了一定经验，并对这一项目有着自己的理解，但将其编辑成书殊非易事，加上自身水平有限，因此书中难免会存在一些疏漏与错误，恳请业内专家、学者及广大读者给予批评与指正。

主编　李文记

2025 年 7 月

目 录
CONTENTS

第二部分　拆解跳绳动作结构

第五部分 幼儿跳绳的领航者、组织规则与基本保障

第一部分

3～6岁，幼儿跳绳正当时

第一章

变化中，追踪身体发育轨迹

　　儿童的生长发育是一个连续且复杂的过程，涵盖了由量变到质变的转变，表现为身高和体重的生理变化、器官的逐步分化以及功能的日益成熟，同时也体现出年龄和性别特征的结构与功能变化。此外，儿童的心理发展同样是一个复杂而多元的过程，涉及认知、情感和语言交流等多个维度，这些维度之间并非孤立存在，而是相互作用、相互依赖。3～6岁的幼儿被称为学龄前儿童，他们展现出特有的生理和心理特征。这一阶段孩子的生长发育特点在婴幼儿和学龄儿童的生长发育过程中起着承上启下的关键作用。

第一节　幼儿生理发育特征

一、身高与体重

1. 身高增长

　　3～6岁幼儿的身高增长速率较婴儿期有所减缓，但依然处于稳定的增长阶段。通常在此阶段，每年身高增加约5～7厘米，具体增长速度因个体差异而异。遗传因素在幼儿身高发展中占据重要地位，父母的身高对孩子的身高有显著影响。同时，环境因素，如营养、睡眠质量与身体活动等，对身高发育亦发挥着关键作用。随着身高的增加，幼儿的身体比例逐渐接近成人形态，头身比例逐渐降低，四肢相对变长，身体各部位之间的协调性增强。此时，幼儿脊柱的生理弯曲开始显现，他们在垂直站立时，头部、躯干与下肢能够保持良好的平衡状态。幼儿的身高发育存在个体差异，部分幼儿可能在早期快速生长，而其他幼儿则可能在后期迎头赶上。依据《3～6岁儿童学习与发展指南》，3～6岁幼儿被划分为三个年龄阶段，每个阶段均给出了适宜的身高参考标准（见表1-1）。

表 1-1　3～6 岁幼儿身高指标参考标准

	3～4 岁	4～5 岁	5～6 岁
男孩身高参考标准	94.9～111.7cm	100.7～119.2cm	106.1～125.8cm
女孩身高参考标准	94.1～111.3cm	99.9～118.9cm	104.9～125.4cm

注：数据来源于《3～6 岁儿童学习与发展指南》中的身高参考数据。

2.体重发育

　　3～6 岁幼儿的体重发育呈现出相对稳定的趋势，较之婴幼儿期，其体重增加的速率逐渐减缓。这一现象源于 3～6 岁幼儿的体重增长遵循特定的生长规律。通常情况下，出生后第一年的体重增长最为显著，随后逐渐放缓，这是正常的生长模式，有助于幼儿形成健康的体重曲线。随着身体的成长和发育，幼儿的基础代谢率逐渐降低，因此体重增速也相应减缓，通常每年增加约 2 千克。在此阶段，幼儿的体重增长与身高发育相辅相成，反映出其整体发展的稳步推进。每个幼儿的体重增长速率和模式都可能存在个体差异，受到遗传、环境、饮食习惯等多种因素的影响，因此不同幼儿的情况各异。其中，饮食习惯对体重发育具有显著影响。良好的饮食习惯，包括均衡的营养摄入和规律的餐饮时间，有助于体重的健康发展。同时，3～6 岁幼儿的体重增幅与其活动量的变化密切相关，活动量的增加有助于提升身体的代谢率，从而促进体重的正常增长。此外，男孩与女孩在体重方面也存在一定的性别差异，通常男孩的体重会相对较重，这是生理上的正常现象，但这种差异会随着年龄的增长而逐渐缩小。根据《3～6 岁儿童学习与发展指南》，该年龄段的幼儿被划分为三个发展阶段，各阶段均提供了适宜的体重参考标准（见表 1-2）。

表 1-2　3～6 岁幼儿身高指标参考标准

	3～4 岁	4～5 岁	5～6 岁
男孩体重参考标准	12.7～21.2kg	14.1～24.2kg	15.9～27.1kg
女孩体重参考标准	12.3～21.5kg	13.7～24.9kg	15.3～27.8kg

注：数据来源于《3～6 岁儿童学习与发展指南》中的身高参考数据。

二、运动系统

1.骨骼发育特征

　　在 3～6 岁阶段，幼儿的骨骼生长速度显著加快。这一现象源于骨细胞的连续分裂和增殖，导致骨骼的长度和宽度迅速扩展。此时，幼儿的身高和体重逐步上升，脊柱的生理弯曲逐渐形成，且这一生理弯曲有助于维持身体的平衡与稳定。这使得幼儿能够更有效地控制身体，并支持更广泛的运动和活动。在此阶段，幼儿的身体协调性和均衡能力均显著提升，使他们能够掌握更复杂的运动技能。同时，骨骼在不断重塑，逐渐趋近成人骨骼的形态。随着年龄的增长，幼儿的骨骼密度也逐渐增加，这主要得益于骨细胞在钙化和骨化过程中的不断作用，使骨骼越发坚固和结实。这种变化有助于增强幼儿的骨骼强度和耐受力，从而使他们在运动中更能抵御冲击，免于损伤，也为更高强度的运动奠定了基础。然而，在这一阶段，幼儿的骨骼尚未完全骨化，因而其柔韧性较高，弹性大且硬度小，容易发生变形。因此，在运动过程中需特别关注防止骨骼的弯曲或变形，幼儿的不良姿势或长时间重复某一动作可能导致骨骼异常，如脊柱侧弯及 O 型腿等问题。

为了促进这一阶段幼儿的骨骼健康发育，应采取以下措施：①保持营养均衡，确保摄入足够的蛋白质、钙及维生素 D 等营养成分；②保证充足的睡眠，3～6 岁幼儿每日睡眠时间一般为 11 小时，其中午睡应维持在约 2 小时，午睡时间可根据幼儿的年龄、个体差异以及季节变化适当调整；③适度参与运动，运动能够促进骨骼的生长与发育，因此应鼓励幼儿参与户外活动及体育锻炼，如跑步、跳绳等；④培养正确的姿势，保持良好的坐姿、站姿和行走姿势，避免长期低头、弯腰或跷二郎腿等不当姿势，以免影响骨骼的正常发育；⑤避免过度负重，防止幼儿长时间背负过重的书包或物品，以免对骨骼施加过大的压力。这些措施对 3～6 岁幼儿的骨骼发育至关重要。

2. 肌肉发育特征

在 3～6 岁，鉴于身体生长的需求，幼儿的肌肉生长速度显著加快，肌肉组织的增加为身体的全面发育提供了必要的支持和动力。在此阶段，幼儿的大肌肉群和小肌肉群的发育时间存在差异，通常大肌肉群（如腿部、背部和肩部肌肉）的发育优先于小肌肉群。这一现象使得幼儿能够在运动中更有效地支撑身体，从而完成如行走、奔跑和跳跃等基本动作。尽管大肌肉群的发育占主导地位，幼儿的手部肌肉同样在迅速增长，尤其是在精细运动技能的提升方面。幼儿逐渐能够进行更复杂的操作，例如捏、握和拧等，这对于完成日常生活任务至关重要。在此发展阶段，肌肉组织的含水量较高，肌纤维相对较细，肌腱特征呈短而宽的形态，这导致肌肉的收缩能力较弱，易出现疲劳及损伤。然而，幼儿体内的新陈代谢速率较快，因此即使发生肌肉疲劳或损伤，其恢复速度通常快于成人。随着肌肉的发育及运动能力的提升，3～6 岁幼儿的肌肉耐力逐渐增强，协调性也随之改善，整体的运动能力得以提升，这有助于增强他们的身体素质和提高他们的耐力水平，使其能够参与更复杂的运动。

三、内脏器官

1. 消化系统发育特点

3～6岁幼儿的消化系统发育特点主要体现在口腔及胃肠道的变化。此阶段，唾液的分泌量显著增加，乳牙逐渐被恒牙取代，这是幼儿消化系统发育的重要里程碑。同时，幼儿胃肠道内的消化酶分泌量也随之增长，消化能力逐步增强，能够更加有效地吸收食物中的营养。然而，由于幼儿胃酸的分泌相对较少，其对食物酸碱平衡的调节能力有限，因此适量的胃酸和消化酶对于消化过程至关重要。此时，幼儿的饮食种类和数量可以更加丰富，但仍需谨慎，避免过多摄入油腻与刺激性食物而增加胃肠道的负担。

2. 呼吸系统发育特点

在3～6岁，幼儿的呼吸系统逐步完善，然而其呼吸道黏膜仍较为娇嫩，防护功能尚未完全成熟，易受到外部病原体的侵扰与感染。呼吸道及肺部的弹性组织发育较为欠缺，导致呼吸道的抵抗力较低，易引发支气管炎和肺炎。随着年龄的增长，呼吸道黏膜的防御能力及整体抵抗力逐渐增强，感冒等呼吸道疾病的发生率也随之降低。

3. 循环系统发育

在3～6岁，幼儿的血管结构经历显著变化。动脉及毛细血管的直径增大，以提升血液输送效率。同时，血管的弹性增强，以适应心脏收缩所产生的压力波动。此阶段，幼儿血管壁变得更加厚实，血管的耐受性与韧性增强；心脏也随之进行适应性发育，心肌厚度增加，泵血效率提高；心脏瓣膜逐渐成熟，保障了血液流动的顺畅性。幼儿的心率逐渐趋于稳定，通常为每分钟100～120次，随着年龄增长，心率会逐渐减缓。与成年人相比，幼儿心脏的心肌纤维较短且细，弹性纤维的分布相对较少，心脏发育尚不完全，其容积和重量均低于成人，因此心脏的收缩力相对较弱，每搏输出量与每分输出量亦小于成年人。

幼儿的血压随着年龄的增长而发生动态变化。一般而言，3～6岁儿童的收缩压通常为80～100毫米汞柱，而舒张压则为50～60毫米汞柱。随着年龄的增加，血压水平逐渐上升。然而，具体的血压读数还会受到身高、体重及年龄等多种因素的影响。

幼儿的血液成分也会随年龄增长而变化。随着成长，红细胞及血红蛋白水平一般会持续增加，以满足对氧气需求的增强。虽然白细胞和血小板计数在正常范围内可能会有所波动，但通常保持在正常水平，以增强身体抵抗感染与疾病的能力。此外，幼儿血液中营养物质及氧气的携带能力也逐步增强，以适应其日益增长的身体活动需求。

在泌尿系统发育方面，3～6岁幼儿的泌尿系统逐渐成熟，肾脏的体积和重量相对于身体的比例不断增加，肾小球的滤过率也随之提升，肾小管的重吸收及分泌功能逐渐完善。肾脏的排泄和调节能力增强，能够更有效地清除体内代谢废物并维持水及电解质的平衡。在这一阶段，幼儿的排尿功能开始成熟，随着神经系统发育及膀胱括约肌的完善，幼儿逐渐能够控制排尿。同时，应鼓励幼儿多饮水和规律排尿，以促进泌尿系统健康发育。

至于内分泌系统的发育，3～6岁幼儿的内分泌系统尚未完全成熟，但已具备一定的功能。此时，生长激素的分泌逐渐增加，甲状腺激素的分泌趋于稳定，而性腺激素的分泌水平相对较低。此阶段，幼儿应注意良好的作息与饮食习惯，以维持正常的内分泌功能。

四、神经系统

神经系统的发育呈现出先快后慢的趋势，这与其在人体功能中的主导地位密切相关。婴儿在出生后的第一年内，大脑皮质的沟回已明显形成，且大脑皮质神经元的数量趋于稳定。到3岁时，大脑皮质神经细胞的结构与功能分工基本完成，而在6岁时，幼儿的脑重已接近成人水平。神经髓鞘的发育几乎已完成，神经传导速度显著提高，大脑的结构与生理功能日益成熟。因此，学龄前的幼儿已能够掌握多种运动技能，随后神经元之间的结构和功能联系进一步发展，这是动作技能愈加精细和复杂的主要因素。尽管3～6岁幼儿的神经系统发育迅速，但在活动后仍需较长的恢复时间以恢复体力。通常，运动后需要8小时的睡眠，以确保幼儿的神经系统得到充分恢复，以适应下一次活动。幼儿在成长过程中高阶神经系统的抑制机制尚不完善，兴奋过程往往强于抑制过程，使得他们自我控制能力较弱，容易感到疲劳。不同年龄段的幼儿的主动注意力持续时间存在差异，3～4岁幼儿的主动注意力时间为7分钟，4～5岁幼儿为15分钟，5～6岁幼儿可达到20分钟。在此阶段，幼儿能够专注于某项活动，但若进行长时间的单一练习，会导致疲劳与厌倦，因此在活动中应不断调整活动内容与形式。

五、免疫系统

在3～6岁，幼儿的免疫系统逐渐发育，但尚不完善。此阶段，胸腺的体积和重量不断增加，为免疫系统的进一步发育提供支持。在免疫器官逐步发育的基础上，幼儿的免疫细胞也逐渐成熟，能够有效抵抗病原体入侵并维持内环境的稳定。在免疫系统发育过程中，自身免疫耐受性也逐渐建立。同时，幼儿开始接受各种疫苗接种，随着免疫系统的逐渐成熟，疫苗接种的效果也逐步增强。

第二节　幼儿心理发育特点

一、认知能力

认知发展是指人类在感知、记忆、想象和思维等方面的能力及其质量的提升。3～6岁的幼儿在认知能力的发展中表现出明显的阶段性特点（见表1-3）。

表1-3　3～6岁幼儿认知能力发育特点

3～4岁	4～5岁	5～6岁
感知范围扩展	感知觉精度提高	感知觉具有系统性、概括性
记忆具有无意性、暂时性、情绪性	有意记忆发展、抽象记忆萌芽	记忆策略显优势
无意想象占主导	再造想象开始占据优势	创造想象开始发展
思维具有直觉行动性	思维具体形象	抽象逻辑思维萌芽

二、情绪与社会性发展

1.情绪表达与识别

3～6岁的幼儿开始使用更复杂的情绪语言表达自己的感受，并逐渐能理解和识别他人的情绪，这标志着其社会认知的发展。在这个阶段，情绪表达会在学习、生活和锻炼等方面逐渐显现，孩子们开始利用情绪表达内心的活动，并影响他们的肢体动作。

2.情绪调节与控制

在这一年龄段，幼儿学习调节和控制情绪，意识到情绪是可管理的，并尝试通过深呼吸、数数或向成年人倾诉等策略来应对强烈的情绪。然而，由于他们的情绪调节能力仍处于初步阶段，感性因素占主导地位，因此需要家长、教师或教练等的引导和帮助。

3.同情心与利他行为

随着年龄的增长，幼儿表现出更强的同情心，关心他人的感受并尝试提供帮助。他们开始合作与团结，关注从自我行为转向合作学习，只要环境适宜，友好的情绪就会被激发。因此，创造良好的发展空间，鼓励孩子帮助他人并参与集体活动至关重要，以培养他们的合作意识。

4. 社交技能与互动

3～6岁的幼儿在社交技能方面有明显进步，能够进行更复杂的互动，并学习合作和分享等重要社交技巧。虽然社交技能仍处于萌芽阶段，孩子们渴望更多互动和认可，逐渐尝试建立良好的伙伴关系，并享受与同伴融洽相处带来的快乐。

5. 自我意识与自尊

随着年龄增长，幼儿对自我的理解加深，意识到自身的存在和价值。他们开始形成自尊，对自身能力及价值进行初步评估，表现出更客观的自我评价，能够接受自己的优缺点。

6. 道德观念与行为发展

在这一阶段，幼儿开始构建初步的道德意识。他们逐渐领会基本的伦理规则和概念，认识到社会上存在被视为"正确"和"错误"的标准，并尝试依据这些标准调整自己的行为。

7. 文化适应与社会化

3～6岁的幼儿开始认识并适应社会文化的基本规范与期望。他们模仿成人的行为，学习并遵循社会习俗，例如使用礼貌用语和遵循餐桌礼仪等。

三、语言能力

3～6岁是幼儿语言能力发展的关键阶段。在这一时期，尽管幼儿的生活经验有限，词汇储备相对较少，但他们具备较强的学习能力和信息接收能力，能够迅速掌握语言并在日常生活中进行表达。3～4岁，幼儿能够专注倾听他人言语并做出相应反馈；在互动中，能够自然地与对方进行目光接触，并进行简短对话；同时能够理解教师或同伴的意图。到了4～5岁，幼儿逐渐形成自我意识，能够有意识地倾听与自身相关的信息，并用简单的语言表达个人观点。进入5～6岁，幼儿能主动对自己不理解的事物或语言提出疑问；能够在集体环境中专注倾听他人讲话；并具备自主编创故事的能力。以下是针对3～6岁幼儿语言能力发展的目标设定（见表1-4）。

表1-4　3～6岁幼儿语言能力目标

3～4岁	4～5岁	5～6岁
1. 能听明白别人对自己讲的话并做出回应	1. 能在群体中捕捉关于自己的信息	1. 能集中注意力听教师讲话
2. 能听懂日常对话	2. 能结合情境感受到不同语气、语调所表达的不同意思	2. 听不懂或有疑问时能主动提问

注：数据来源于《3～6岁儿童学习与发展指南》参考数据。

四、社交能力

在 3 ～ 6 岁，幼儿开始形成对社交的基本认知。他们逐渐理解个体在社会环境中的角色及行为规范，意识到自身与他人之间的关系；同时，他们也开始认识到在社会中必须遵循的规则与期望，如分享、等待与尊重他人的权利。此外，这一年龄段的幼儿开始对社会角色产生一定的认知，意识到社会中存在多样的角色和责任，并尝试模仿成人的行为。在社交情感方面，3 ～ 6 岁的幼儿逐步提高了对自我情绪的理解与管理能力。他们开始能够理解他人的情感，并展现出同情心，关怀他人。同时，幼儿对同伴的社交评价变得更加敏感，关注自身在同伴群体中的地位与形象，可能会因害怕被同伴拒绝或排斥而感到焦虑。在社交技能方面，3 ～ 6 岁的幼儿展现出更多的亲社会行为，例如分享、帮助与合作。他们在处理冲突时也表现出更高的能力，尝试通过沟通或妥协来解决分歧。此外，此阶段的幼儿开始发展更为成熟的沟通技巧，能够更加清晰地表达自身的需求与感受，并具备理解与尊重他人观点的能力，展现出更为成熟的社交技巧。

第三节　幼儿动作发展特点

一、大肌群运动（粗大动作）

大肌群运动，又称粗大运动，主要是指颈部、四肢及躯干等大肌肉群执行的动作，包括翻身、坐、爬、站、走、跳等。这些运动通常伴随着强烈的肌肉收缩、全身运动神经的活动以及显著的能量消耗。3 ～ 6 岁是幼儿动作技能、语言能力及生活方式形成的关键阶段，粗大运动技能是主要的锻炼手段，长期的练习能够有效提升幼儿的心肺耐力和心血管适应能力。随着年龄增长，幼儿粗大运动的发展能力不断增强，对其灵敏性、爆发力、平衡性、协调性以及下肢肌肉力量的影响也日益显著。

在 3 ～ 4 岁，幼儿肌肉的含水量较高且肌纤维较细，肌腱短而宽，导致其肌肉收缩能力和力量较弱，易出现疲劳或损伤，因此仅能完成一些简单动作。此时，幼儿的平衡和协调能力相对欠缺，肌肉活动的调节主要依赖于神经系统，但由于神经发育尚未成熟，对骨骼肌的调控能力有限，导致动作常常不协调，出现手脚不灵活等情况。此阶段，幼儿基本可以做到：在跑动中避开障碍物，双脚一起跳下最低一级台阶，用双手接球及单脚原地跳起，等等。与 3 ～ 4 岁相比，4 ～ 5 岁幼儿的肌肉力量进一步增强，平衡和协调能力显著提升，能够在更不稳定的表面上保持平衡，体力和耐力逐渐增加，能够进行更长时间的活动，并在活动后较快恢复体力。此时，他们能够做到：向前跑，将球向前踢，走平衡木，单脚向前跳 5～10 步及自行玩秋千，等等。进入 5～6 岁，幼儿的大肌群持续发展，在平衡性、协调性、肌肉力量和耐力等方面均有显著提升，能够完成更具挑战性的活动，如：跳过 15 厘米高的障碍物，双脚一起跳过 35 厘米的绳子，在狭窄物体上前行、后退、侧行，用单手接球，单脚站立及闭眼保持 10 秒，等等。

二、小肌群动作（精细动作）

幼儿的运动发展通常始于粗大运动，随着年龄的增长，精细运动逐渐增多。小肌群动作是指主要依赖手部及手指等小肌肉或肌肉群进行的运动，这些运动在感知、注意等多种心理活动的协同作用下，完成特定的任务。3～4 岁幼儿的精细运动能力尚处于初步控制阶段，此时他们能够进行一些基本的精细动作。此阶段的幼儿对游戏表现出较高的兴趣，但他们的肌肉控制与协调能力仍在发展中，因此在看护时需注意防止其意外受伤。4～5 岁时，儿童的协调性和平衡感已有显著提升，肌肉力量也足以应对一些挑战性活动，如翻滚和立定跳远。

到 5～6 岁，幼儿对时间与空间的感知能力显著提高，神经系统发展接近成熟，他们能够更加流畅地控制身体，实现如直线行走、跳绳等动作。

综上所述，3～6 岁幼儿在大肌群与小肌群动作的发展中展现出明显的阶段性特征。在此期间，幼儿的肌肉力量、平衡感与协调性逐步提升。从发展角度来看，3～5 岁是大肌肉群发展的关键时期，而 5～6 岁则为小肌肉群发展的重要阶段。不同幼儿在发育速度和特点上存在个体差异，因此应根据其具体情况提供适宜的运动和游戏机会，促进肌肉群的健康发展。同时，应关注幼儿的运动安全，避免其过度疲劳及意外伤害。

第二章

不能规避的素质发展敏感期

　　身体素质是个体在运动活动中多种身体能力的综合体现。根据幼儿期（3～6岁）的身心发展特点，身体素质主要包括以下几个方面：力量素质、速度素质、耐力素质、柔韧素质、平衡素质、灵敏素质与协调素质等。3～6岁是幼儿身体发育的关键阶段，此时培养良好的身体素质对他们的健康成长及未来发展具有重要的意义。

第一节　力量素质

　　力量素质是指人体神经肌肉系统在施加或抵抗外部阻力时所展现的能力。

一、3～6岁幼儿力量素质发展的特征

　　幼儿力量素质的发展受神经肌肉系统发育水平的影响。在3～6岁这一阶段，幼儿的骨骼生长速度显著超过肌肉发育，但骨骼中的软骨成分较高，关节软骨较为厚实且富有弹性，尽管不易发生骨折，却易于变形和弯曲。此外，幼儿的骨密度较低，结构强度较弱，因此不宜通过大负荷的负重训练以促进力量素质的发展。同时，3～6岁幼儿的内脏器官尚未完全成熟，心血管功能相较于成年人较弱，若进行高强度力量训练则可能导致"憋气"现象，从而对心脏的正常发育产生负面影响。因此，3～6岁幼儿不适合采用静力性力量训练来提升力量素质。根据学者刘再贵的研究，3～4岁是幼儿肌肉力量素质自然增长的阶段，而4～6岁则是快速增长期，但仍应避免高强度训练，适度进行低强度力量练习有助于促进幼儿的身高和体重发育，应着重于全身各部位的综合力量发展，通过改善肌肉的协调性来增强力量。

二、3～6岁幼儿力量素质训练的注意事项

1. 了解幼儿力量发展的趋势，循序渐进地安排训练内容。

2. 幼儿骨骼系统中软组织较多，骨组织含水分和有机物质较高，且无机盐含量较少，骨骼具有良好的弹性但强度不足，因此应避免进行高强度训练。

3. 3～6岁幼儿的力量训练应以动力性练习为主，尽量减少或避免静力性练习，防止"憋气"动作的发生，以免因胸膜腔内压的急剧变化影响心脏的正常发育。

4. 不应过早强调与专项运动技术相结合，训练应着重于身体的全面力量发展。

第二节　速度素质

速度素质是指个体在快速运动中的能力，包括迅速完成动作与对外界刺激做出快速反应的能力，以及快速位移的能力。

一、3～6岁幼儿速度素质发展的特征

速度素质的发展水平在很大程度上受限于个体的生长发育水平。在3～6岁阶段，幼儿的运动系统中神经系统优先发育，神经髓鞘基本成熟，从而使得神经传导更加迅速和准确。训练时把握这一阶段的速度特点，可以有效促进反应速度的提高。动作速度的快慢主要由肌纤维的类型比例及其面积决定，而3～6岁幼儿的肌肉含水量较高，肌纤维较细，肌腱相对较短而宽，因此收缩力较弱，动作速度的提升相对较慢。在此阶段进行高强度的速度训练可能导致过度疲劳。位移速度与幼儿的腿长、关节韧带的柔韧性及肌肉的伸展性密切相关。此时幼儿的骨骼中软骨成分较多，关节灵活度高，肌肉的伸展性优越。因此，通过注重幼儿柔韧素质的培养，可以进一步提高位移速度。此外，位移速度的敏感期为7～14岁，而在5～6岁进行位移速度的训练，有助于为这一敏感期的快速发展奠定基础。由此可见，3～6岁是促进幼儿反应速度发展的关键期，通过适当的训练也能辅助其他身体素质的发展。在日常训练中，应加强幼儿对外界刺激信号的反应速度，同时通过提升幼儿的柔韧性，进一步促进其位移速度的发展。

二、3～6岁幼儿速度素质训练的注意事项

1. 反应速度训练要求幼儿保持集中注意力，因此训练时间不宜过长，应根据幼儿的年龄特点适当调整训练时长。3～4岁幼儿的训练时间应控制在7分钟以内，4～5岁幼儿可控制在15分钟以内，而5～6岁幼儿的训练时间可控制

在 20 分钟以内。

2. 在进行反应速度训练时，需定期调整刺激因素的强度和信号发出的时机。

3. 幼儿在动作速度练习中的持续时间不应过长，且强度不宜过大，各次练习之间应留有足够的休息时间。

第三节 耐力素质

耐力素质是指人体在长时间工作或运动过程中克服疲劳的能力，亦即抗疲劳能力。

一、3～6 岁幼儿耐力素质发展的特点

在 3～6 岁阶段，幼儿不宜进行高强度的耐力训练。主要原因如下：首先，3～6 岁幼儿的心脏尚未完全发育，高强度的耐力训练可能影响其心血管系统的正常发展。其次，幼儿在此年龄段的呼吸能力较弱，肺活量有限，通常通过增加呼吸频率来提升肺的通气量。尽管运动后呼吸频率能够迅速恢复，但他们对缺氧的耐受能力较差，且大脑皮质对呼吸的调节能力较弱，容易导致缺氧现象。第三，幼儿的神经系统兴奋过程大于抑制过程，容易导致兴奋扩散，条件反射形成迅速，虽然他们对新事物有强烈的好奇心且活动性强，但注意力难以长时间集中，易感疲劳。第四，静力性练习常伴随憋气，可能对心脏发育产生不良影响。适度的有氧耐力训练有助于改善幼儿的氧气输送系统和肌肉代谢功能，促进心血管系统的发育。同时，根据庄弼在《构建广东省幼儿体育活动"三维动作"内容体系的研究》中的研究结果，5～6 岁女童的力量与持久力发展速度较快，因此该阶段被视为幼儿耐力素质的快速发展期。然而，在此期间进行训练时，需结合幼儿的身体发育情况制订适宜的训练计划。

二、3～6 岁幼儿耐力素质训练的注意事项

1. 在开展耐力训练时，应注意呼吸节奏与动作的协调，以避免缺氧现象的发生。

2. 对 3～6 岁幼儿的耐力训练应控制运动时间，避免过长的运动持续时间和过大的运动强度，训练内容应针对其身体特征进行个性化设计。

3. 该年龄段幼儿的耐力训练应以有氧耐力的发展为主，尽量减少无氧耐力训练的频率。

第四节 柔韧素质

柔韧素质是指人体关节在多方向运动时的能力，以及肌肉、韧带等软组织的伸展性。

一、3～6岁儿童柔韧素质发展的特点

在儿童的生长发育过程中，柔韧性通常会随着年龄的增长而逐渐减弱，因此从幼儿阶段开始进行柔韧性训练尤为重要。对于3～6岁的儿童而言，骨骼正处于发育阶段，关节的关节面存在显著差异，且关节面的软骨较厚，关节囊及周围韧带较为松弛且薄弱，具备较大的伸展性。同时，关节周围的肌肉相对细长且力量不足，关节活动范围通常超过成人，但其稳固性较差，易受到外力影响而发生脱位。因此，在进行柔韧性身体素质训练时，应特别注重增强关节周围肌肉的力量，以提升关节的稳固性和稳定性，使其既稳固又灵活。针对3～6岁儿童的柔韧素质训练，能够有效提高关节的稳定性与活动能力，减少肌肉紧张，延缓肌肉疲劳，并增强肌肉协调性，降低肌肉损伤的风险。

二、3～6岁儿童灵敏素质训练的注意事项

1. 训练方法应避免单调，设置多样化的游戏可促进儿童的柔韧性训练。
2. 适量开展肌肉力量训练。
3. 训练前需进行充分热身，训练后应适当进行放松。
4. 柔韧性训练应遵循"循序渐进，持之以恒"的原则。

第五节 平衡素质

平衡素质是指个体在特定姿态下，能够在运动或外界干扰情况下自动调整并维持该姿态的能力。有效的平衡能力是掌握多种运动技能的基本前提。

一、3～6岁幼儿平衡素质发展的特征

幼儿平衡能力的发展呈现由上而下的顺序（自头部至足部），依次体现为头部控制、坐位、立位和行走。据国家体育总局等十个部门联合开展的四次针对3～6岁幼儿体质的监测数据显示，我国3～6岁幼儿的平衡能力在4岁左右迅

速提升，而在 5～6 岁期间则进入缓慢增长阶段。学前阶段是身体控制与平衡能力迅速发展的时期，4 岁前后被视为关键发展期。因此，在 3～6 岁期间，可通过障碍跑、平衡木行走、单脚站立等活动促进幼儿的平衡素质。

二、3～6 岁幼儿平衡素质训练的注意事项

1. 提供多样化的活动以促进平衡能力的发展。
2. 以动态平衡练习为主，辅以静态平衡练习，兼顾上下肢的平衡能力发展。
3. 在平衡训练中适度融入力量和控制练习，以增强核心部位的控制力。
4. 利用软器械及感官统合训练手段，强化前庭功能的稳定性。

第六节　灵敏素质与协调素质

灵敏素质是指机体在空间和时间上对外界环境变化所做出的适应性反应能力。协调能力则是指身体各部位能够灵活操作，熟练且有节奏地进行各种运动的能力，这也是幼儿运动能力的重要组成部分之一。

一、3～6 岁幼儿灵敏素质与协调素质的发展特点

灵敏素质与协调素质的发展主要受到神经系统的影响。3～6 岁阶段，幼儿的神经系统是身体发育中最早、最快的部分，这为灵敏素质与协调素质的提升创造了良好的条件。因此，从生理发育的角度看，3～6 岁是幼儿灵敏素质与协调素质发展的关键敏感期，需充分利用这一时期进行相关训练。此外，灵敏素质与协调素质的发展需要与其他身体素质相互协调，只有这样才能取得更佳的效果。每一个动作的灵敏度和协调性都受到力量、速度、耐力和柔韧性等素质的影响，这些素质的综合运用是确保动作熟练度的基础。另外，随着年龄的增长，3～6 岁幼儿的小肌肉群发育逐渐加快，手部的精细动作发展迅速，手足和手眼协调能力相对较好。因此，3～6 岁显然是灵敏与协调能力发展的重要敏感期。

二、3～6 岁幼儿灵敏素质与协调素质训练的注意事项

1. 合理安排训练时间，通常应在训练课的前半段进行，此时幼儿的精神状态最佳，体力充沛。训练时间不宜过长，练习的重复次数也应适度。
2. 促进其他身体素质的协调发展。
3. 尽量掌握多种基本动作。

4.训练方法和手段应多样化，并定期进行调整。

综上所述，3～6岁的幼儿因受其身心发展水平的限制，某些能力要素的生理基础尚未完全形成，过度强调则可能对幼儿的身体健康产生负面影响。幼儿期应当对这些身体素质进行全面和综合培养，同时把握幼儿某些身体素质的快速发展阶段。了解幼儿身体素质发展中的敏感期对开展幼儿园体育活动至关重要。根据幼儿的生长发育特征及相关领域学者的研究数据，可以基本确定3～5岁为幼儿平衡能力发展的敏感期，3～6岁为灵敏性与协调性的快速发展期，而5～6岁则是力量与耐力迅速提升的关键期（见表2-1）。

表2-1 3～6岁幼儿身体素质发展敏感期

年龄区域（岁）	身体素质
3～4	平衡素质、灵敏素质、协调素质、柔韧素质、反应速度素质
4～5	平衡素质、灵敏素质、协调素质、柔韧素质、反应速度素质
5～6	力量素质、灵敏素质、协调素质、柔韧素质、反应速度素质、耐力素质（持久力）

第三章

找规律——动作学习与发展探索

第一节　幼儿运动学习的理论基础

一、运动学习的理论基础

运动学习是指个体通过实践对技能性动作的掌握过程，它是决定个体完成动作能力内在水平变化的关键因素。随着练习的进行，个体的运动学习能力逐步提升，通常通过观察个体相对稳定的运动表现水平来进行推测。该领域的主要研究对象是人类运动技能学习的过程及其影响因素[①]。在3～6岁这一阶段，运动学习是在身体发育的基础上，受到外界环境刺激的影响，逐步经历习得、掌握、巩固直至熟练运用各类基本运动技能的过程[②]。

以20世纪六七十年代为界，之前关于运动学习的理论主要源于行为主义，代表性理论为连锁反应理论，属于习惯论范畴。随后，随着认知心理学的兴起，基于信息加工视角的新理论模型相继提出，其中主要包括动作学习过程论、闭环理论和图式理论。

1.连锁反应理论

连锁反应理论（chain reaction theory）通过行为主义的刺激—反应（S-R）连锁反应系列来解释运动的学习与形成。刺激引发反应，即第一个运动反馈调节第二个动作，第二个运动反馈又调节第三个动作，从而形成连续的运动模式。

2.闭环理论

运动学习的闭环理论（closed-loop theory）是基于运动学习过程论提出的，

---

① 张英波.动作学习与控制[M].北京：北京体育大学出版社，2003.

② 周喆啸，顾耀东，李建设，赵焕彬，赵晓光.动作发展视角下3～6岁幼儿功能性练习方案的设计与实证研究[J].首都体育学院学报，2021，33(2)：187-198.

它进一步揭示了运动学习的内部控制机制——知觉痕迹（perceptual trace）和记忆痕迹（memory trace），并将其视为运动学习的基础。

知觉痕迹是在动作学习过程中，学习者每次反应所获得的信息，这些信息促使新的动作形成。通过知觉获得的持续反馈，正确的知觉得以强化，反应结果的信息则用于指导后续动作。知觉痕迹充当实际动作与历史动作记忆痕迹之间的中介。记忆痕迹是通过多次动作反应积累的长时记忆信息库。在运动执行中，知觉反馈信息与记忆痕迹进行比较，以识别并纠正动作错误。

3. 动作学习过程理论

动作学习过程理论（Welford，1968）指出，动作学习包含感知、转换和效应器三个连续步骤。各种感官接收输入信息，但个体只有通过动觉才能意识到自身的运动。知觉的准确性对动作技能的形成至关重要，信息超载或不足均可能导致知觉判断错误。知觉信息经过短时记忆（选择性记忆）后，进入知觉到动作的转换阶段。这一阶段具有双重意义：不仅响应感觉输入，还激发效应器的活动，而效应器的活动通过反馈进一步校正或增强动作。

4. 图式理论

为了解决闭环理论所面临的挑战，Schmidt（1975）提出了图式理论（schema theory）。在此理论中，一项动作技能可能由一系列动作图式构成，这些图式代表了不同层次的技能概括程度。图式所处层次的概括程度越高，则包含的公式、原理等认知成分越多；反之，层次越低，则越接近具体的外显动作和细微的知觉。

综上所述，从连锁反应理论到闭环理论、动作学习过程理论及图式理论，人们对动作学习的理解已从探讨其外部特征与规律转向分析其内部机制与过程，且对动作学习的解释愈加全面与合理。可以预见，随着相关科学研究的深入，关于动作技能学习的理论解释将变得更加完善。

二、动作学习的过程

动作技能的形成是一个通过反复练习逐步掌握特定动作模式的过程。费茨和波斯纳将动作技能学习划分为三个阶段。

1. 认知阶段

在学习的初期，幼儿主要依赖教师的语言说明或观察教师的示范动作，试图理解或模仿所学动作，并在脑海中形成动作的表象，作为实际执行动作的参考。所有的动作技能学习都必须经历这一认知阶段。然而，有些学习是在非正式的环境中进行的。此阶段幼儿动作技能学习的特点在于：意志过程尚未建立，仅能把握动作的基本要求；注意力集中范围较窄，精神状态及全身肌肉的紧张与放松协调性差，导致动作表现不连贯、不协调、准确率低，且易出现多余动作。

2.联系形成阶段

在这一阶段，动作技能学习的重点在于建立适当的刺激与反应之间的联系。学习者开始初步掌握一些局部动作，并逐渐将这些动作进行联结，但各个动作之间的衔接仍显得不够流畅，动作转换时常伴随短暂的停顿。

3.自动化阶段

自动化阶段标志着一系列动作已整合为一个有机整体并得到巩固，练习者能够灵活、迅速且准确地根据环境变化完成动作，几乎无须有意识控制即可连续执行动作。在此阶段，动作协调模式已经形成，标志着动作学习的完成。

综上所述，动作技能发展的三个阶段是依次发生且不可逆转的，这对幼儿教育实践具有重要的启示。教育者在制订动作技能教学计划或实施动作教育时，需遵循幼儿这三个阶段的发展规律，以达到动作技能训练的最佳效果。

三、幼儿动作技能形成的影响因素

1.幼儿动作技能形成的内在因素

（1）成熟度与经验。成熟度与经验之间存在着相互作用，这对动作技能的学习产生了双向影响。大量研究及日常观察表明，学习者在抓握动作技能方面的进展通常伴随着年龄与经验的增长。例如，J. A. Hicks（1930）对 3 ～ 6 岁儿童进行了穿孔测试、肌肉力量评估、追踪测试和投掷精度测试等实验，结果显示，在未提供任何指导的情况下，再次进行测试时，四项测试中有三项的得分显著提高。这种动作技能的提升主要归因于生理成熟与日常练习的积累。

（2）智力水平。在小肌肉动作技能的学习过程中，幼儿的智力水平越高，其对动作技能的掌握速度与质量均越佳；而对于大肌肉动作技能的学习，智力与其间的关系几乎不显著。

（3）个性特征。个体在执行某项动作时，由于个性差异，其运动方式往往各不相同。此外，个体选择参与的运动项目也与其个性特征密切相关。

2.幼儿动作技能形成的外在因素

（1）有效指导与示范。在幼儿的动作教学中，讲解与示范应当并行进行。讲解与示范的结合是促进幼儿理解动作技能的最有效方式。同时，为了避免在学习过程中幼儿信息负担过重，在动作技能学习的初期阶段，讲解与示范的速度需适度放慢。有效指导在动作技能学习中是不可或缺的。在某些情况下，利用视觉和听觉手段进行指导也能显著促进技能的掌握。通过视听手段，可以提升学习兴趣，拓展经验范围，提高学习与指导的效率，形成共同的学习体验。

（2）学习环境。在幼儿的学习过程中，学习氛围与环境的构建至关重要。营造一个良好且富有趣味的环境，能够激发幼儿的好奇心，增加动作学习的趣味性，从而提高幼儿的学习积极性。

第二节　幼儿动作发展的理论基础

一、动作发展理论

人类动作发展的概念是指个体在其生命周期中运动行为的变化及其演化过程的总体结果[①]。变化行为（changing behavior）的概念侧重于运动技能的提升，而非单纯的生长。因此，动作发展研究涵盖了两个方面：一是对动作行为变化（有时称为"结果"）的分析，二是对这些变化如何发生及其原因（通常称为"过程"）的探讨。这一区分至关重要，因为在不同的研究阶段，关注的重点有所不同，既有研究动作发展结果的，也有关注其发展过程的。然而，这两个方面密切相关，前者主要呈现事实，后者则更多地与解释这些事实的理论框架相结合。3～6岁阶段是幼儿动作发展的"关键窗口期"，也是肌肉运动发展的"关键期"。在这一阶段，幼儿只有掌握广泛的基本运动技能，才能在后续的发展中提升到更高层次的基本运动和专项运动技能，从而掌握更为复杂的动作。这对幼儿在日常生活、学习及技能掌握等方面的能力提升至关重要。

二、3～6岁幼儿动作发展原则

1. 幼儿基本动作及发展原则

在引导幼儿练习基本动作时，应遵循从简单到复杂、从低水平到高水平的发展原则。

2. 幼儿平衡动作及发展原则

平衡动作的训练应采取渐进的方式，遵循从简单到复杂、从宽到窄、从低到高、从易到难、从慢到快的发展原则。

3. 幼儿精细动作及发展原则

在进行精细动作训练时，应考虑幼儿的性别与年龄差异，并根据个体差异设计训练方案；主要采用游戏化的方法进行幼儿的精细动作练习。

---

① Greg Payne，耿培新，梁国立，等 . 人类动作发展概论 [M]. 北京：人民教育出版社，2008.

4. 幼儿粗大动作及发展原则

在粗大动作的训练中，应同样考虑幼儿的性别与年龄差异，并制订个性化的训练计划；训练时主要采用游戏的形式进行。

三、3～6岁幼儿运动发展规律

1. 自上而下（首尾发展规律）

幼儿的身体上部发展优先于下部，运动技能的提升自头部、上肢逐步过渡到下肢。

2. 从大肌肉群到小肌肉群（发展顺序规律）

幼儿最初掌握的是手臂和腿部的大肌肉动作，随后逐渐发展出手和脚的小肌肉动作。

3. 从无意运动到有意运动

动作的无意性与有意性，可通过主动性和目的性进行区分。幼儿的初期动作多为因外界刺激而产生的无目的性无意动作，随着发展，逐渐出现有意的、目的明确的动作，此时即便没有直接的外部刺激，幼儿也能主动探索和认识周围事物。

4. 从整体运动到局部精细运动（整体到局部发展规律）

幼儿初期的运动往往是全身性的，随着年龄增长，其动作逐渐向局部化、精确化和专业化发展。例如，3岁儿童在用笔认真绘画时，手部动作活跃，身体和面部的配合也在增强；随着成长，动作的速度和准确性都会提高，这体现了"整体到局部发展规律"。

5. 从躯干中心到边缘肢体的运动（近远发展规律）

幼儿的运动发展首先集中于头部和躯干，接着是双臂和双腿，最后是手的精细动作，即动作的发展由身体中央（头部与躯干，即脊柱）逐步向外延伸到边缘肢体（手臂、手、腿）。比如，肩部和上臂的成熟优先于肘部、腕部及手部，而手指的精细动作发展相对较晚。这种从躯干中心向外部边缘的运动发展规律即"近远发展规律"。

第四章

幼儿动作学习与发展指引

第一节 幼儿动作学习与发展的目标

一、基本目标

1. 掌握基本运动技能

按不同年龄段，学习多种基本运动技能及精细运动技能，为参与体育活动和竞赛奠定基础。

2. 提升身体控制与协调能力

通过动作训练，增强幼儿身体的基本控制能力和协调性，使其动作更加流畅协调。

3. 增强身体健康水平与素质

通过运动学习，提升肌肉力量、耐力、灵活性及爆发力，从而提高身体素质和健康水平。

4. 培养运动意识及终身锻炼习惯

鼓励积极参与体育活动，培养运动兴趣与习惯，使运动融入生活，以促进身心健康。

5. 加强空间感知与认知能力

通过运动学习，发展幼儿的空间感知能力，包括对自身在空间中位置和运动的认知，以及对周围环境的理解。

6. 培养社交互动与合作精神

在集体运动和游戏中，幼儿学习与他人协作、竞争和互动，培养团队合作意识与社交技能。

二、具体目标

3 ～ 6 岁幼儿的基本运动技能包括"站、走、跑、跳、攀、爬、投、抛、平衡、滚、转、钻、踢、拍、推、拉"共 16 种。这些运动能力的发展同样反映了各项身体素质的提升。以下为幼儿各年龄阶段运动技能的具体表现及发展目标（见表 4-1 至表 4-16）[①]。

表 4-1　3 ～ 6 岁幼儿"站"的具体表现形式和发展目标

年龄（岁）	表现形式	发展目标
3 ～ 4	体态自然，左右脚都能单足站立	能单足站立 3 ～ 6 秒
4 ～ 5	体态自然，且身体挺直充满力量，左右脚能单独站立保持一定的时间	能单足站立 7 ～ 10 秒
5 ～ 6	双脚立正时有力量，且学会重心放在前脚掌着力，左右脚能单足站立并保持平衡一定的时间	能单足站立 10 ～ 20 秒

表 4-2　3 ～ 6 岁幼儿"走"的具体表现形式和发展目标

年龄（岁）	表现形式	发展目标
3 ～ 4	能够根据口令，变换简单的行走方式。例如变速走、自然走、倒走等	上体正直、自然协调地走，向指定方向持物或拖物走、指定方向四散走，互相不碰撞，能一个跟一个走不掉队，简单的模仿走、简单的过低无障碍物走，能连续步行 1000 米以上
4 ～ 5	能够根据口令，变换较为复杂的行走方式。例如障碍走、脚尖走、顺序走（鱼贯）、蹲走（深）、大步走、脚跟走、节奏走、高抬腿走、小碎步走	能上下肢协调走，能够听口令变换简单的行进间队形，能跨过障碍物走，能连续行走 1500 米以上
5 ～ 6	能够根据口令，变换较为复杂的行走方式。例如小碎步走、一字步走、太空步走、登山步走、挪步走	能长距离远足活动，能步行 2000 米以上，能够听口令变换各种队形，能轻松自如地绕障碍曲线走

---

　　① 数据来源于 IKAA 国际幼儿运动（https://zhuanlan.zhihu.com/p/105029478）。

表4-3 3～6岁幼儿"跑"的具体表现形式和发展目标

年龄（岁）	表现形式	发展目标
3～4	自然跑、走跑交替跑、追逐跑、四散跑、指定方向跑、蛇形跑、障碍跑、折返跑	慢跑150米、连续跑30秒、快速跑15米
4～5	自然跑、走跑交替跑、追逐跑、四散跑、指定方向跑、蛇形跑、障碍跑、折返跑、后踢跑、接力跑、快速跑	慢跑200米以上、快速跑20米不超过6秒、连续跑60秒
5～6	自然跑、走跑交替跑、追逐跑、四散跑、指定方向跑、蛇形跑、障碍跑、折返跑、后踢跑、接力跑、快速跑、倒着跑	走跑交替300米以上、速跑30米不超过9秒、连续90秒跑

表4-4 3～6岁幼儿"跳"的具体表现形式和发展目标

年龄（岁）	表现形式	发展目标
3～4	单脚跳、双脚跳、从高往低处跳、立定跳、原地纵跳摸高、双脚障碍跳、原地开合跳	能从30厘米高处自然下跳、双脚立定跳60厘米、纵跳摸高15厘米、双脚连续向前跳5米、单脚原地连续跳4次以上、助跑跨跳高20厘米的栏架
4～5	单脚跳、双脚跳、从高往低处跳、立定跳、原地纵跳摸高、双脚障碍跳、原地开合跳、连续跳（双脚）、助跑跨跳、原地转圈跳、前后左右跳、单双腿交替跳	立定跳远20厘米、助跑跨跳60厘米宽的平衡线、能从40厘米高处自然下跳、双脚连续向前跳8米、纵跳摸高20厘米、屈膝跳过垂直障碍20厘米、单脚行进间连续跳8次以上、助跑跨跳高30厘米的栏架
5～6	单脚跳、双脚跳、从高往低处跳、立定跳、原地纵跳摸高、双脚障碍跳、原地开合跳、连续跳（双脚）、助跑跨跳、原地转圈跳、前后左右跳、单双腿交替跳、小马跳、连续跳绳	立定跳远100厘米以上、从50厘米高处跳下、助跑跨跳80厘米宽的平行线、屈膝跳过垂直障碍30厘米、能连续跳越多个高40厘米宽15厘米的障碍、双脚连续向前跳10米、单脚行进间连续跳12次以上、助跑跨跳高40厘米的栏架、连续跳绳10次以上

表4-5 3～6岁幼儿"攀"的具体表现形式和发展目标

年龄（岁）	表现形式	发展目标
3～4	肋木、网架、梯子	能在成人的鼓励下积极参与攀登活动，喜欢和同伴一起玩，能攀登低障碍物，在攀登架等器械上自然爬上爬下。能手脚熟练地在攀登架等器械上爬上爬下
4～5	肋木、绳梯、网架、梯子	能手脚交替灵活地攀登各种玩具设施，在活动中遵守规则，不影响其他人活动。能手脚交替协调地攀登，锻炼幼儿四肢力量，养成幼儿勇敢、坚持到底的毅力及合作精神

年龄（岁）	表现形式	发展目标
5～6	肋木、网架、绳梯、梯子、攀岩	能在成人的鼓励下积极参与攀登活动，喜欢和同伴一起玩，能攀登低障碍物，在攀登架等器械上自然爬上爬下。能手脚熟练地在攀登架等器械上爬上爬下

表 4-6　3～6 岁幼儿"爬"的具体表现形式和发展目标

年龄（岁）	表现形式	发展目标
3～4	手膝着地爬、手足着地爬、前爬后爬	练习掌握手膝和手脚着地爬等基本动作，有一定速度并能较好地控制方向，爬行距离不低于 10 米。掌握多种爬法，动作灵活、协调
4～5	手膝着地爬、手足着地爬、前爬后爬、匍匐爬、听信号爬	练习掌握手膝和手脚着地爬等基本动作，有一定速度并能较好地控制方向，爬行距离不低于 15 米。掌握多种爬法，动作灵活、协调
5～6	手膝着地爬、手足着地爬、前爬后爬、匍匐爬、听信号前后左右爬、肘膝着地爬	提高爬的能力，改进已掌握的爬的动作，速度快而灵活。熟练掌握肘膝着地爬的动作。有序地绕过障碍物，爬行距离不低于 20 米

表 4-7　3～6 岁幼儿"投"的具体表现形式和发展目标

年龄（岁）	表现形式	发展目标
3～4	单手投（肩上）	在宽 6 米的范围内投掷网球不低于 5 米
4～5	单手投（肩上）、投远	在宽 6 米的范围内投掷网球不低于 8 米
5～6	单手投（肩上）、投远、投准	在宽 6 米的范围内投掷网球不低于 10 米。尽可能向着指定目标投

表 4-8　3～6 岁幼儿"抛"的具体表现形式和发展目标

年龄（岁）	表现形式	发展目标
3～4	单手抛、双手抛	会左右单手或双手朝上方抛球，会用力向前向后自然地抛球，能接住 1～2 米远抛来的球
4～5	单手抛、双手抛、向前抛、向后抛、自抛自接、两人互抛	会朝前、上、后方向准确地抛球，会向上自抛自接球，能两人相距 1～2 米互抛互接大球
5～6	单手抛、双手抛、向前抛、向后抛、自抛自接、两人互抛	能熟练地向任何方向抛球或接到球，对突然来球有躲闪意识，能躲过中等力量的来球，能两人相距 2～4 米互抛互接大球

表 4-9 3～6 岁幼儿"平衡"的具体表现形式和发展目标

年龄（岁）	表现形式	发展目标
3～4	蹬三轮车，在窄道或平衡木上行走，在斜坡上行走	会骑脚蹬自行车，能在小于 25 厘米的窄道或平衡木上行走，能在高 20 厘米的斜坡上行走
4～5	熟练地向指定方向骑三轮车，熟练地在平衡木或斜坡上行走，骑带辅助轮的小自行车	能在平衡木（高 30 厘米、宽 10 厘米、长 3 米）上自然行走，骑自行车尽量走直线，能在平衡木（高 30 厘米、宽 10 厘米、长 3 米）上行走且身体无明显晃动。能持物在平衡木上行走 3～5 米不跌落
5～6	能熟练地在平衡木、斜坡上行走，在平衡木上做动作，熟练地骑带辅助轮的小自行车	会骑脚蹬自行车，能在小于 25 厘米的窄道或平衡木上行走，能在高 20 厘米的斜坡上行走

表 4-10 3～6 岁幼儿"滚"的具体表现形式和发展目标

年龄（岁）	表现形式	发展目标
3～4	平躺滚（全身打滚）、抱头屈膝自然滚	学习并掌握滚的基本动作，不求动作美观，大胆尝试幼儿本能所表现出来的天性
4～5	平躺滚（全身打滚）、抱头屈膝自然滚、抱膝自然滚	熟练掌握滚的动作要领，动作协调自然，不费力
5～6	平躺滚（全身打滚）、抱头屈膝自然滚、抱膝自然滚、肩背侧滚、前滚翻	能自如地控制身体，能往指定方向地点滚，在教师的安全保护下熟练掌握前滚翻的动作要领，会前滚翻

表 4-11 3～6 岁幼儿"转"的具体表现形式和发展目标

年龄（岁）	表现形式	发展目标
3～4	原地间转法、正时针自转、逆时针自转、双脚起跳空中旋转	能原地自由自转 3～4 圈，能 2～3 人拉手围圈自然跳转、双脚起跳、空中旋转 90 度跳，平稳落地
4～5	原地间转法、正时针自转、逆时针自转、双脚起跳空中旋转、跳转	能看信号或看指示自然向左右转，不要求脚下动作整齐，巩固跳转的基本能力，能 5～6 人拉手围圈自然顺逆时针转跳，能空中跳转 180 度
5～6	原地间转法、正时针自转、逆时针自转、双脚起跳空中旋转、跳转、触墙点翻转	能较好地完成规定动作，身体震动不大，无摔倒，动作轻松协调。能听口令准确做出原地间向左右后转的动作，能尝试 10 人以上拉手听信号向顺逆时针转跳 200 度以上

表 4-12　3 ～ 6 岁幼儿"钻"的具体表现形式和发展目标

年龄（岁）	表现形式	发展目标
3 ～ 4	正身钻、侧身钻、手膝爬行钻、手足爬行钻	能钻过 60 厘米高的障碍（栏杆、绳）
4 ～ 5	正身钻、侧身钻、手膝爬行钻、手足爬行钻、后退钻	能钻过直径 60 厘米的圆圈或障碍物
5 ～ 6	正身钻、侧身钻、手膝爬行钻、手足爬行钻、后退钻、障碍钻	提高钻的能力，改进已掌握的钻的动作，速度快而灵活。尝试在较低的物体下钻来钻去

表 4-13　3 ～ 6 岁幼儿"踢"的具体表现形式和发展目标

年龄（岁）	表现形式	发展目标
3 ～ 4	踢自制软大方包、踢软皮大皮球、踢装有水的饮料瓶、踢大纸球、踢废旧的毛绒玩具	能用脚的足弓部或外脚背自然地踢软质物体或软球，会用正脚背向上踢挂在离地面 20 厘米高的软物体或软皮球
4 ～ 5	踢自制软大方包、踢软皮大皮球、踢装有水的饮料瓶、踢沙包、踢纸箱、踢大纸球	用脚的足弓部或外脚背自然地有力量地踢软质物体或软球，且有一定的方向性。能用正脚背向上踢挂离地面 30 厘米高的软物体或软皮球
5 ～ 6	踢自制软大方包、踢软皮大皮球、踢装有水的饮料瓶、踢沙包、踢纸箱、踢足球	用脚的足弓部或外脚背自然地有力量地踢软质物体或软球，且有一定的方向性。能用正脚背向上踢挂离地面 40 厘米高的软物体或软皮球。能在 5 米内将足球用足弓部踢进宽 2 米的球门内

表 4-14　3 ～ 6 岁幼儿"拍"的具体表现形式和发展目标

年龄（岁）	表现形式	发展目标
3 ～ 4	拍大皮球、拍大鼓、拍手	能跟上教师简单的拍手节奏，能双手同时拍大鼓且发出统一声音，能单手拍球连续 10 次以上
4 ～ 5	拍大皮球、拍大鼓、拍电子上升器、拍手、拍身体、拍悬挂物体	能跟上有节奏地拍手，能双手交替拍大鼓且发出简单的节奏，能单手拍球一次连续 30 次以上。练习左右手拍球，能左右手交替拍球 10 次。练习拍打在空中悬挂的物体
5 ～ 6	拍大皮球、拍大鼓、拍电子上升器、拍手、拍身体、拍悬挂物体	能有节奏、有力量地拍打自己身体的任何部分，左右手交替拍球连续 20 次以上，单手拍球一次连续 50 次以上，能准确地拍准在空中悬挂的晃动物体，能单手拍球 10 米

表 4-15 3～6 岁幼儿"推"的具体表现形式和发展目标

年龄（岁）	表现形式	发展目标
3～4	推自制的小轮车、推独轮车、推小椅子、推纸箱	能单手推自制的小轮车，练习掌握双手推独轮车的动作要领，能在平滑地面上推 2 千克重的小椅子等物，在操场上推纸箱
4～5	推自制的小轮车、推独轮车、推小椅子、推纸箱、推桌子、推轮胎（指常见电动车或机动车轮胎）	能熟练并有方向性地推独轮车 20 米，能双手交替向正前方推小型轮胎，能在不粗糙的路面上推大型纸箱
5～6	推自制的小轮车、推独轮车、推小椅子、推纸箱、推桌子、推轮胎、推载物的小车	能轻松地将载有 4 千克重的独轮车推 30 米以上的距离，能推着轮胎跑

表 4-16 3～6 岁幼儿"拉"的具体表现形式和发展目标

年龄（岁）	表现形式	发展目标
3～4	拉自制小车，拉装有水的大饮料瓶，在肋木上将自己蹲坐的身体用双手拉起、悬垂	能拉动重 1 千克的物体自由跑动，用双手在肋木上拉动自己的身体蹲坐起连续 10 次，一次性脚离开地面不超过 10 厘米，悬垂 10 秒左右。能拉动重 2 千克的物体自由跑动，用双手在肋木上拉动自己的身体蹲坐起连续 15 次，一次性脚离开地面不超过 15 厘米，悬垂 15 秒左右。练习两名小朋友用腰反向拉自行车内胎（奔牛）
4～5	拉自制小轮车，拉装有水的大饮料瓶，在肋木上将自己蹲坐的身体用双手拉起、悬垂，用腰部拉重物、悬垂	能拉动重 3 千克的物体自由跑动，用双手在肋木上拉动自己的身体蹲坐起连续 20 次，一次性脚离开地面不超过 15 厘米，悬垂 20 种左右
5～6	拉自制小轮车，拉装有水的大饮料瓶，在肋木上将自己蹲坐的身体用双手拉起、悬垂、用腰部拉重物、拉自行车内胎	指导小朋友玩奔牛游戏

第二节　幼儿动作学习与发展原则

一、遵循幼儿运动学习与发展规律，尊重并保护幼儿的探索欲和学习兴趣

每日活动应合理安排，以最大限度满足幼儿的需求。不同年龄阶段的幼儿在运动学习和发展上具有各自的特征，且年龄差异明显，因此从业人员或幼儿教师需充分理解 3～6 岁幼儿各个具体年龄段的特点，进行因材施教、因时施教和因地制宜的教育，避免"拔苗助长"的超前教育和强化训练，杜绝与实际脱节的理想化教育和盲目训练。

二、关注幼儿身心的全面发展

应重视各学习领域之间的相互渗透和融合，从多维度促进幼儿的整体协调发展。幼儿身心的全面提升是一个系统、有序且规律的过程，在细节上需精益求精，始终以欣赏的视角进行教育和训练，使用鼓励性语言作为主要交流方式。考虑到此阶段幼儿的心智尚不成熟，情绪波动较大，容易出现小脾气，因此在训练过程中需保持耐心，时刻关注幼儿的情绪变化，及时调整应对策略，兼顾身心健康、智力启迪、情绪稳定与志向激励。

三、尊重幼儿发展的个体差异

每位幼儿的心智发展过程各不相同，其成长受环境、家庭、社会及遗传等多重因素的影响，表现出显著的个体差异。不同的成长环境、生活习惯、教育方式以及性别差异都会造成发展上的差异。因此，应制定个性化的训练方案，支持和引导每位幼儿从其当前水平向更高水平发展。

第三节　幼儿动作学习的教学要求

一、掌握运动学习的关键要素

3～6 岁幼儿具有独特的年龄特征和感知运动发展的敏感性，故明确运动学习的内容和重点至关重要。首先，应重视幼儿的兴趣及自主活动的培养，兴趣是促进运动学习的最佳驱动力，故培养兴趣显得尤为重要。一旦激发了兴趣，幼儿

在运动学习中将展现出更高的积极性和自主性。其次，需关注个体差异，强调活动的多样性。此年龄段的儿童通常活泼好动、充满好奇心，并且每个孩子的个性与特点各不相同，因此在运动学习过程中要因材施教，根据每个孩子的喜好设计丰富多彩的活动，以增强活动的趣味性和多样性。再次，强调相互学习的重要性，将规范训练与日常生活有机结合。合作与协作是提升幼儿运动学习的重要策略，通过合作强化团队精神和信任感，借助相互支持与合作显著提高学习效率。最后，在促进相互学习的过程中，亦需合理处理规范训练与日常生活的关系，将规范训练自然融入日常生活，使幼儿体会到"训练即生活"，从而享受训练的乐趣。

二、明确运动学习的目标

目标是引导幼儿运动学习的灯塔，是教师或教练实施运动学习干预的依据，所以建立明确且具体的运动学习目标非常重要。幼儿运动学习目标的设定应遵循运动学习的基本规律，考虑幼儿运动学习的特点，制定针对性强的发展目标。尽管幼儿在日常生活中反复练习多种运动技能，但由于缺乏明确的目标，错误的动作方式往往难以被纠正。明确的练习目标能够使练习过程始终处于意识的控制之下，提高练习的自觉性和积极性，从而有效提高练习效果。

三、及时提供运动学习反馈

幼儿模仿动作的能力较强，但有意识注意的能力相对较弱，虽然学习动作速度较快，但延时记忆能力不如成年人。因此，应适时对幼儿进行评价和反馈，帮助其建立正确的动作概念。每次练习后，若幼儿能及时了解哪些动作正确、哪些动作错误，就能够通过后续的练习巩固正确的动作，纠正错误的动作，从而提高技能练习的效率。

第四节　幼儿动作学习的方法

一、游戏与体验式学习法

游戏与体验式学习法是一种融合游戏元素与体验式学习的教学模式。此种教学方法使幼儿能够身临其境地享受学习的乐趣，从而更有效地理解和掌握相关知识。游戏具有高度的互动性和趣味性，能够激发幼儿的学习兴趣和动机，提升其参与感和积极性。同时，游戏中所设定的情境与任务通常跟幼儿的日常生活密切相关，使他们能在游戏中积累真实的经验，增强解决实际问题的能力。

3～6岁幼儿游戏与体验式学习的指导策略包括：

1.确定学习目标

明确幼儿应掌握的知识与技能，以及游戏与体验式学习法的具体目标。

2.设计游戏与任务

依据学习目标，设计既富有趣味性又具挑战性的游戏与任务，以确保幼儿能够在参与中实现对知识的掌握。游戏与任务需与幼儿的生活经历和兴趣相契合，以提升其参与度和兴趣。

3.制定规则

建立清晰的规则，以保障游戏的公平性与规范性。规则应与学习目标相一致，并能够激励幼儿的竞争意识。同时，教师或教练需向幼儿阐明规则并说明其意义与作用。

4.组织游戏与体验活动

根据实际情况，选择适宜的场地与设备，组织幼儿参与游戏与体验活动。在活动中，教师或教练应引导幼儿积极参与，并及时给予反馈与指导。同时，教师或教练需关注幼儿的安全与健康，确保他们在游戏中不受伤害。

5.总结与反思

活动结束后，应组织幼儿进行经验总结与反思，鼓励他们分享收获，进一步巩固所学知识。教师或教练可通过提问与引导讨论等方式帮助幼儿进行总结与反思。

游戏与体验式学习法有助于激发幼儿的学习兴趣和动机，提升其参与程度与实践能力。通过这种方式，幼儿能够更深入地理解和掌握知识，进而提升综合素质与能力。此外，此种教学模式也能够培养幼儿的自主探索能力、创造力以及解决问题的能力，为其未来发展奠定坚实的基础。

二、观察与模仿学习

观察与模仿学习是一种有效的策略，能够使幼儿在较短时间内迅速掌握特定的动作。幼儿无须自主探索，而是通过他人或媒介的示范进行学习。许多体育活动与日常生活的关联性较少，单靠动作和认知经验难以掌握。有些动作是幼儿无法自发体验获得的，因此，模仿成为掌握这些动作的重要途径。

3～6岁幼儿观察与模仿学习的指导策略：

1.提供多元化的观察对象

幼儿在动作学习过程中需要多元化的观察对象，以刺激其视觉和思维能力。

例如，可以引导他们观察自然界、动物、植物、玩具和艺术品等。同时，成人的行为、语言以及同龄人的互动和游戏方式也应成为观察的对象。

2. 鼓励幼儿主动观察

鼓励和引导幼儿主动观察周围的人和事物至关重要。家长和教师可通过提问，引导幼儿关注事物的细节、特征以及他人的表情和语言，这有助于提升幼儿的观察力和思维能力。

3. 提供示范与指导

幼儿需要准确示范和指导，以便模仿正确的动作。家长和教师可以通过自身的行为和语言为幼儿提供示范，同时也可通过游戏、故事和歌曲等活动引导幼儿模仿适当的动作。此外，营造良好的模仿环境至关重要，家长或教师应提供安全、舒适且富有趣味的环境，以及适合幼儿年龄的玩具和游戏材料，以激发他们的模仿兴趣和创造力。

4. 鼓励幼儿进行创新

在引导幼儿模仿的同时，应激励他们进行创新。家长和教师可以指导幼儿在模仿的基础上进行创作和创新，例如让他们自主设计动作、故事或图案等。这不仅有助于培养幼儿的创造力，也能促进其独立思考能力的发展。

综上所述，观察与模仿学习法作为一种重要的学习方式，能够有效帮助幼儿掌握新的知识和技能。家长和教师需提供多元化的观察对象，鼓励幼儿主动观察，给予准确的示范与指导，创造良好的模仿环境，并鼓励幼儿进行创新。

三、协作学习

协作学习是一种基于小组的教育模式，旨在通过团队合作与相互支持来最大化学习效果。该模式有助于提升幼儿的自主学习能力、沟通技巧、问题解决能力以及团队协作精神。

3～6岁幼儿的协作学习的指导策略：

1. 确定清晰的目标与任务

在体育活动中，鼓励幼儿通过合作实现共同目标至关重要。教师应设定清晰的目标与任务，引导幼儿明确合作的方向和目的。例如，在进行三人跳绳训练时，教师可以告知幼儿，合作的目标是两名摇绳者尽量保持绳子的稳定，以便跳绳者能够有节奏地完成跳跃。

2. 组建协作小组

协作小组是开展协作学习的基础。教师可以依据幼儿的兴趣、特长及人际关系，合理组建协作小组。小组成员之间应保持良好的关系，以促进积极的互动与合作氛围。

3. 培养沟通技巧

在体育活动中，幼儿需要有效地进行交流与协调。为提升幼儿的沟通能力，教师可通过角色扮演、游戏等方式进行相关训练。例如，在队列游戏中，教师可以要求幼儿通过口头指令与队友进行互动，从而增强他们的表达能力。

4. 引导解决冲突

在协作学习过程中，冲突是难以避免的。教师应指引幼儿学习面对并解决冲突。当争执发生时，可以引导幼儿运用情商培养技巧，如倾听对方观点、进行协商讨论、寻求妥协等，化解冲突，以促进团队的和谐发展。

对于 3 ～ 6 岁的幼儿而言，协作学习能够有效提升他们的社交能力、情商与自信心，并培养他们与他人合作的能力。

第二部分

拆解跳绳动作结构

第五章

幼儿跳绳的内容、特点与分类

跳绳运动是一项源远流长的传统体育活动，其历史最早可以追溯到唐朝，最初是儿童在民间进行的游乐项目。如今，跳绳以其多样化的玩法、强烈的娱乐性及健身效果，吸引了广泛的参与群体。一方面，跳绳为大众提供了重要的健康益处，是人们进行身体锻炼和增强体质的有效方式；另一方面，跳绳的丰富花样玩法也使其成为人们重要的休闲活动。随着跳绳运动的深入推广，它逐渐从单纯的自娱自乐向以教育和健康为导向的体育活动转变。近年来，因其具有便捷性和增强体质的显著效果，越来越多的幼儿积极参与这一运动。

第一节　跳绳的内容与特点

一、跳绳的内容

跳绳，顾名思义，是一种结合了"跳跃"和"绳索"的运动形式，强调两者的协同作用。"跳跃"与"绳索"之间的关系，可以理解为：身体通过运动产生的"跳跃"动作，需与围绕人体三个运动轴线的"绳索"相互配合。跳绳的基本构成包括"跳跃"和"摇动"两个要素，因此在各种跳绳形式中，跳绳动作至少应包含"跳跃"或"摇动"之一。在日常生活中，最常见的跳绳方式是单人跳绳，这种形式由一名参与者使用短绳进行练习。单人跳绳操作简单，便于进行，无须他人配合，参与者只需通过调整自己的身体姿态来配合绳索的运动轨迹，从而完成多样的花样动作。因此，在幼儿的运动启蒙阶段，单人跳绳常被用作提升运动协调能力和促进全面发展的有效方式。

跳绳运动实质上是绳索围绕个体的垂直轴线进行的圆周运动，稳定的圆心是其重要特征。跳绳的基本技术在于掌握摇绳与起跳的节奏；表面上，个体需要依赖手臂的力量控制绳索的摆动和腿部的力量来进行跳跃，然而在完成这些动作的过程中，个体的核心肌群力量才是确保平衡和支持跳跃的关键所在。

跳绳从形式上可以区分为速度跳绳与花样跳绳。速度跳绳关注在单位时间内成功完成的跳绳次数，或完成特定次数所需的时间，其特征在于简单性、重复性及机械性。在进行速度跳绳时，运动员的身体姿势是关键技术要素，要求以髋关节为主，脊柱曲度应保持在正常生理范围内，保持上身与地面的夹角约为 $30° ± 15°$，适度屈膝以降低重心，并保持臀部后翘的屈体状态。运动员的速度素质是完成速度型跳绳的核心要素。速度素质指的是人体快速完成动作的能力，具体可分为反应速度、动作速度和周期性位移速度。在跳绳过程中，起跳瞬间需要反应速度，而其余时间则强调动作速度及各个动作之间的衔接速度；花样跳绳则通过多种方式跨越一根或多根绳子，结合音乐、舞蹈和体操等流行元素，逐步演变为集健身、娱乐、竞技和表演于一体的综合性运动项目，使得花样跳绳的内容更加丰富。在"跳"和"摇"的基本要素中，花样跳绳的"摇"要求多样化的摇绳方向、圈数及手臂变化，而"跳"则要求在身体姿态和动作步伐上展现多样性。

跳绳的环节可分为起跳、摇绳和跳绳三个部分。在口令发出瞬间，运动员需迅速做出起绳动作，因此起跳要求运动员具备较高的反应速度和高度集中的注意力；摇绳是跳绳过程中的关键因素，无论是速度型跳绳还是花样型跳绳，摇绳的优先级始终居于首位，摇绳速度的快慢直接决定了跳绳的整体速度。对于摇绳者而言，反应速度是跳绳的基础，而动作速度则是实现跳绳的前提。跳绳"跳"的动作包括起跳、过绳、制空和落地四个元素。起跳是跳跃过程的开始，是整个跳的过程的发动机，要求快而准；过绳是跳跃过程的关键，取决于起跳时机的把控和脚步动作的处理，必须做到干净利索；制空是跳跃过程的过渡与衔接，制空时间的长短受跳绳形式的制约，速度跳绳要求制空时间尽可能短，花样类动作则要求制空时间尽量长、高度尽量高，合理处理制空时间有助于跳绳动作的流畅与准确；落地是单次跳跃过程的结束，同时也是下一次跳跃动作的储备，因此对于跳绳的连贯性、衔接性和合理性起着关键性作用，要求落地动作富有弹性且有效控制，特别是脚踝关节的处理至关重要。

跳绳"摇"的动作由起绳、发力、控制和借力四个要素组成。起绳是摇绳动作的起始阶段，其质量对整体摇绳过程的影响不可忽视，起绳须具备快速、准确、稳定的特点。速度跳绳与花样跳绳在起绳的技术和要求上存在细微差异，应在实际应用中加以区分。发力是摇绳过程中的关键因素，绳子的弧度和速度的掌控依赖于发力的方式，发力的部位、方法及方向直接影响摇绳的质量，因此应根据实际需求进行精准发力。控制是确保摇绳稳定性的基础，摇绳的平稳度、三维度和延展性与绳体的控制密切相关，无论是速度跳绳还是花样跳绳，控制因素都不容忽视。借力则是人和绳子相互作用的结果，前述三个要素均为人对绳子的施力，而绳子本身的重量在启动后会对人体产生反作用，因此妥善处理借力问题，对摇绳的连贯性和过渡性具有重要意义。

二、跳绳的特点

1. 文化特征

跳绳是一种个体或多人在一根环形绳索中进行各类跳跃动作的竞技活动，唐代称为"透索"，宋代称为"跳索"，清代称为"绳飞"，而在清末以后则被称作"跳绳"。据考古研究，跳绳在中国已有近两千年的历史，是中华传统文化的重要组成部分。

跳绳还展现出鲜明的民族特色。在不同国家和地区，跳绳呈现出独特的形式和风格。例如，中国的双人跳绳和日本的花式跳绳，均是各自民族文化的独特体现。通过参与跳绳运动，人们能够更深入地理解和传承民族文化，增强民族的自豪感和凝聚力。这项运动不仅保留了独特的民族民间传统风格，同时也能够适应国际体育竞赛的标准与规范，实现民族根基与国际发展的有机结合。

跳绳具有生动、活泼且简便的特点，它在幼儿和青少年中具有显著的传播价值。因此，跳绳也成为启蒙教育的重要组成部分。学校是我国推广跳绳活动的重要场所，学校的跳绳项目结合了教育与特色教育的模式。作为学校体育教育的基本内容，跳绳几乎是每所学校体育课程中不可或缺的一部分，从而推动了跳绳运动在学校的普及与推广。

2. 内容特征

首先，其内容体现为丰富性特征。中国民间跳绳技巧内容多样，形式生动。其中包含了单摇、双摇、三摇等以摇绳次数为分类依据的动作，也包括快花、直花、扯花、凤花、龙花等以交叉跳绳的排列顺序为分类依据的动作，此外还有短绳带人、长绳"8"字、交互绳、波浪绳等富有活力的特色动作。这些跳绳动作，无论是基础技术还是高级技术，均源于民间跳绳技术的不断优化与升级体系。

其次，其内容体现为融合性特征。跳绳动作的内容体系不仅涵盖了摇绳的相关内容，还包括各类跳绳项目固有的元素，同时吸收了其他运动项目和艺术形式的多样内容，逐步演变为相辅相成、交融互补且特征鲜明的整体。此外，跳绳内容还融合了中西文化中的优秀元素，不受区域、民族或阶层的限制，尽管存在差异，依然能够彼此包容，共同促进发展。

最后，其内容体现为延展性特征。跳绳动作的内容体系以基础动作元素为起点，持续进行拓展与延伸，宛如一棵参天大树，枝繁叶茂。例如，速度跳绳以并脚单摇跳为基础，能够延伸至双摇跳、三摇跳及多摇跳等形式，也可扩展至间隔交叉跳、连续交叉跳、后摇交叉跳等多种变体。

3. 形式特征

首先，跳绳的表现形式有显著的流派特色。中国民间的跳绳活动自由发展，主要分为以下形式：由陕西的胡安主导的"花样跳绳"、河北的胡平生主导的"竞技跳绳"，以及北京的王守中主导的"网状绳表演"，还有当前流行的车轮跳，亦称为"中国轮"。在国际上，跳绳主要分为单人绳和交互绳两大类。

其次，跳绳的表现形式强调艺术性。"花样跳绳"更加注重跳绳动作与团体操的融合，其观赏性极强，形式多样、节奏流畅，能为观众带来审美与娱乐的享受。具体而言，跳绳技术丰富多彩，能够展现出更高的速度、更强的力量与更高超的技巧，以及更为协调的配合，不同的音乐节奏搭配不同的步伐，彰显出人体运动的美感。此外，花样跳绳中的音乐与动作相辅相成，肢体动作与绳子的运用相得益彰，服装设计与音乐主题相呼应，以及编排的独特性，均提升了跳绳运动的审美艺术性，增强了其娱乐性、可视性和观赏性。

最后，跳绳的表现形有鲜明的多样性。跳绳不仅包括速度跳绳，还涵盖花样跳绳、车轮跳绳、交互跳绳和中长绳跳绳，每一类别又衍生出丰富多样的动作形式。每种动作类别均具备独特的表现形式：竞技跳绳的动作主要体现在多摇与交叉摇绳的排列变化，突显了跳绳运动的竞技性，运动员通过技术进行竞争，裁判依据竞赛规则对运动员的表现进行公正评判；大众跳绳则注重动作的平稳性与趣味性，通过练习以达到强身健体和愉悦身心的效果，主要呈现为相对简单的有氧运动形式；网状绳表演则以多绳组合摇跳为主，强调形式的灵活性与内容的生动性。

4. 功能特征

首先，体现为全面性特征。跳绳是一项对协调性要求较高的运动，旨在实现各项素质的均衡发展，而非单一强调某一能力的提升，如力量、耐力、柔韧性和协调性等。跳绳训练在提升幼儿的协调能力和弹跳力方面具有显著效果。跳绳者须具备快速反应能力，能够根据绳索的速度及时调整自身的运动，这有助于增强神经系统与运动系统之间的联系，从而形成更为稳固和灵活的神经反射机制。

其次，体现为塑形性特征。跳绳在身体形态的塑造上发挥着重要作用。在跳绳和摇动绳索的过程中，参与者需要充分伸展四肢，并围绕跳跃这一动作，使脊柱得到有效运动，从而维持良好的身体姿态。影响身体姿态的因素不仅包括先天的遗传特征（如身高、体重），还包括后天的锻炼与生活方式。因此，在后续的体育锻炼中，跳绳对个人精神气质的提升具有重要意义。

再次，体现为有氧性特征。跳绳属于有氧运动，其对身体的锻炼效果体现在改善心肺功能上。尽管运动负荷不高，但仍能有效刺激内部生理机能。跳绳训练有助于心肌增厚、心脏容量扩大及血管弹性增强，从而提升心脏的收缩与舒张能力，增强脉搏强度，增加心脏血液输出量，降低每分钟心跳次数，提高全身供氧能力，进而提升身体的营养代谢水平、代谢能力及抗疲劳能力。

最后，体现为娱乐性特征。跳绳运动能够培养参与者的心理素质，主要体现在促进愉悦的心理体验，提高参与者在锻炼中的合作、协调与交流能力，并锻炼其心理素质与人格。跳绳的趣味性和娱乐性使参与者能够获得心理放松和快乐体验。其操作简单，不会对参与者在训练过程中的心理负担造成过大影响，从而有效促进心理健康的发展。

第二节　跳绳的分类

根据不同的分类标准和依据，跳绳项目可以被细分为多种类别。无论采用何种分类方式，跳绳动作的内容、元素和形式都是客观存在的，进行分类的主要目的是使跳绳动作更加具体、清晰和易于理解，同时也有助于学习者更好地掌握和记忆。

一、按技术维度分类

根据跳绳时使用的绳索类型、跳法及参与人数等因素进行分类：

第一，依据绳索的长度，跳绳可分为短绳、中长绳和长绳三类。

第二，依据参与者人数，跳绳可分为个人跳绳、双人跳绳、三人跳绳、四人跳绳及多人跳绳（5 人及以上）。

第三，依据使用绳索的数量，跳绳可分为单绳、双绳和多绳（至少使用三根绳索）。

第四，依据跳绳的技术特征和动作结构，花样跳绳可进一步细分为单人花样、双人花样、车轮花样、中长绳花样、交互绳花样及表演类花样。

二、按内容维度分类

跳绳还可以分为计数类跳绳、计时类跳绳和花样类跳绳。

计数类跳绳包括：个人 30 秒单摇跳、30 秒双摇跳、30 秒间隔交叉跳、1 分钟单摇跳、3 分钟单摇跳及连续三摇跳；集体 30 秒一带一单摇跳、30 秒两人和谐单摇跳、2×30秒双摇接力、4×30秒双摇接力、60秒交互绳单摇跳、4×30秒交互绳接力、1分钟10人集体跳、3分钟10人"8"字跳。

计时类跳绳包括800个固定计时、1600个固定计时、3200个固定计时、4800个固定计时及自定义个数计时。

花样类跳绳包括个人花样、同步花样（2人、4人或多人）、车轮花样（2人、3人或多人）、交互绳花样（3人、4人或多人）、集体表演（小型或大型），以及DDC交互绳大赛（规定式或自编）和绳网绳阵。

三、按竞赛项目类别划分

根据竞赛规则及项目设置，跳绳项目可以分为以下几类：

第一，计数赛项目：在规定的时间内，按照特定的跳法进行跳绳次数的竞赛，最终以成功跳绳次数最多的个人或团队获胜。

第二，跳绳耐力赛项目：主要包括200个、800个、1600个、2400个和4800个定量计时项目。

第三，花样赛项目：包括个人花样（60～75秒，自选音乐）、双人同步花样（每人一绳，60～75秒，自选音乐）、四人同步花样（每人一绳，60～75秒，自选音乐）、双人车轮跳花样（60～75秒，自选音乐）、三人交互绳花样（60～75秒，自选音乐）、四人交互绳花样（60～75秒，自选音乐）及五人交互绳花样（60～75秒，自选音乐）等。

第四，集体自编赛项目：分为小型集体自编赛（3～7人，3～3分30秒，自选音乐）和大型集体自编赛（8～16人，4～6分钟，自选音乐）两类。

第五，规定赛项目：在特定音乐指导下，运动员按照规定动作元素，通过个人对绳的控制及动作完成，结合一定的时空和队形变化进行的表演性竞赛项目。

第六，大师赛与团体赛项目：在技术赛及花样赛的基础上设立的高级别赛事。

第七，跳绳传统项目：依据中国传统文化传承而来的，具有地方文化特色的跳绳项目，主要指一对一对抗赛，也称为跳绳擂台赛。

第八，DDC交互绳大赛项目：包括速度赛（30秒交互绳速度）、规定赛和自编赛等。

四、按参与人群分类

第一，根据参与者的年龄段，跳绳可分为学生跳绳、青少年跳绳、中青年跳绳、中老年跳绳及老年跳绳。

第二，根据参与者的性质，跳绳可分为幼儿跳绳、群众跳绳、工人跳绳、军人跳绳及农民跳绳等。

第三节　幼儿跳绳的内容特色

一、幼儿跳绳的基本认知

1.幼儿跳绳基本理论的构建

《"健康中国2030"规划纲要》明确指出，需为特定群体制定和实施体质健康干预方案，特别强调青少年体质健康计划的执行。国家教育委员会发布的《幼儿园教育指导纲要》强调："体育是促进幼儿全面发展的重要途径。"在跳绳活动中，幼儿在进行跳跃和摇绳时需充分展现四肢的灵活性，通过跳跃运动促进脊柱的运动，从而维持良好的身体姿态。根据跳绳的运动特点，可以看出跳绳是通过大肌肉群与小肌肉群的协调发展来完成的。然而，教育工作者往往忽视了幼儿大肌肉群的动作发展。大肌肉群动作主要包括上肢、躯干和下肢等主要肌肉的发力，涉及走、跑、跳、投等多种活动。因此，跳绳训练不仅有助于发展幼儿的大肌肉群动作，促进其身体素质的提升，同时也为其运动技能的发展奠定了重要基础。

2.幼儿跳绳的生理基础发展

3～6岁是学前教育的关键阶段，也是幼儿身体发展的重要时期。在此阶段，跳绳的发展对幼儿的运动协调能力、运动技能的形成及个体的身心成长具有深远而全面的影响。跳绳活动不需要复杂的器材，对场地的要求较低，且危险性小，仅需一根简单且经济的跳绳和一个平整、安全的场地即可进行。尽管跳绳存在一定的技术难度，但其运动负荷较低，且对抗强度不大，是一项健康、安全的运动。因此，跳绳活动已成为各大院校积极开展的训练项目之一。

在3～6岁阶段，幼儿体内的软骨成分相对丰富，水分和有机成分（如骨胶原）含量较高，而无机盐（如磷酸钙和碳酸钙）则较少，导致其骨密度较低，骨骼具有较好的弹性但强度不足，容易发生弯曲而不易完全骨折。因此，在跳绳训练中，幼儿应采取渐进的方式，避免盲目追求高难度的技巧。4岁以下的幼儿可能尚未掌握摇绳的技能，因此需要家长和教师的语言指导与示范；而4岁以上的幼儿在学会摇绳后，可以直接进行跳绳练习。在运动负荷方面，相较于其他活动如慢跑，跳绳在相同时间内能提供更高的运动量，幼儿在跳绳时有氧代谢所消耗的能量更为显著，从而提高了锻炼的效率。通过有氧呼吸，能够有效促进血液循环，增强内部代谢功能，从而改善幼儿的心血管储备能力，当然，需合理安排运动负荷，以免产生相反效果。最后，参与跳绳运动能够锻炼幼儿的肌肉与关节活动能力，促进肌肉力量、速度及耐力的全面发展。

3～6岁的幼儿正处于生长发育的初级阶段，肌肉组织的水分含量较高，而蛋白质、脂肪及无机盐的含量相对较低，导致肌肉较为娇嫩。骨骼的坚固性不足，承受压力和肌肉拉力的能力远不及成年人，容易出现骨骼弯曲和变形的现象，且易感疲劳，但恢复速度较快。跳绳运动有助于增加骨量和提高骨密度，能有效促进身体和四肢的活动、提升四肢的伸展能力、矫正脊柱的弯曲，从而塑造良好的身体形态。

3. 幼儿跳绳训练的基本建议

针对不同类型的幼儿，需制定个性化的训练方案。对于食欲缺乏、挑食等导致身体偏瘦的幼儿，建议采用低频率跳绳训练，降低运动强度，以避免孩子感到疲劳。这种跳绳方式有助于改善食欲、调理消化系统，并促进骨骼发育，有利于身高增长。对于因嗜食零食、缺乏运动或过度喂养导致的单纯性肥胖幼儿，宜采用高频率跳绳训练。快速跳绳5分钟的锻炼效果相当于慢跑0.5千米，因此其燃脂效果显著。肥胖幼儿因体重较大且心肺功能较弱，运动强度应控制在适当范围内，但可适当提高跳绳频率，以达到燃脂减肥、促进新陈代谢，并改善呼吸系统、运动系统及心血管功能的效果。

二、幼儿跳绳的基本内容

3～6岁幼儿的身体协调能力和基本素质正处于快速发展的敏感期，虽然发展迅速，但各项功能尚未成熟，操控能力较低，因此在跳绳动作的理解与掌握上仍处于初级阶段。此阶段的跳绳训练内容相对简单，复杂动作的学习与训练应予以避免，以防止拔苗助长现象的发生。其基本内容可概括为以下几部分：

1. 以无绳跳为主的徒手练习

在3～6岁阶段，幼儿手脚的协调性较弱，因此在进行跳绳训练前，应首先强化四肢与身体的协调配合。通过"去绳化"的方式，对一些基础跳绳动作进行徒手模仿练习，练习时应遵循"自下而上、先脚后手、手脚协调"的原则。动作的拆解需因人而异，从简单到复杂、从低难度到高难度、从单关节到多关节的配合，进行循序渐进的训练。徒手练习的技术要求和完成度将直接影响跳绳动作的学习和技术掌握，因此必须做好引导和过渡。徒手练习的具体表现包括以手部为主的摇绳练习、以脚步和躯干为主的跳跃练习，以及全身协调的摇跳配合练习。

为增强练习的趣味性，在学习过程中可融入游戏法、竞赛法、变换法或情境化教学，以激发幼儿的学习兴趣。

2. 以竞速跳为主的单一动作内容

针对3～6岁幼儿不同年龄阶段的身体发育特点，可设计一些结构相对单一、形式简单且运动强度较低的动作进行学习与练习。在徒手模仿练习达到一定熟练度和基本定型后，可以借助无绳球进行动作的过渡，随后开始持绳练习。持绳练习内容应遵循"先分解、后完整、再连续"的原则，将摇绳、跳绳与连续完成的动作逐步串联。一旦幼儿能够完整执行单个动作，便可以逐级增加连续完成的次数，以激发他们的挑战欲望和兴趣。本阶段主要以前摇并脚跳为主，后摇并脚跳可根据实际情况逐步渗透，同时可尝试双脚交替跳的动作。

3. 以步伐为基础的简单脚花练习内容

考虑到3～6岁幼儿的基本运动能力有限，花样跳绳的动作主要围绕简单的脚花类型展开。脚花动作包括并脚前后、左右跳跃、开合跳、弓步跳、一字跳、走步跳和交替跳等。对于学习能力较强的幼儿，可以逐步引入吸腿跳、弹踢腿跳、后屈腿跳、钟摆跳、勾脚点地跳与前踢腿跳等相对复杂的脚花动作。在学习过程中，所有脚花动作需合理拆解：首先进行徒手练习；待动作到位后，再进行协调配合的过渡训练，可以结合教练的口令或节拍器；最后进行持绳练习。

4. 以打地为核心的各类走跑练习内容

练习打地类动作是进行上肢及手腕摇绳技术训练的有效方法。对于3～6岁幼儿而言，其小关节的力量和控制能力相对较弱，频繁进行打地类动作有助于提升儿童的控绳能力及绳感的培养。打地动作主要包括单手打地、双手左右打地、双手腕花打地、双手翻腕打地及前后打地等，初期应专注于单一的上肢练习，熟练后再加入脚步动作。脚步动作包括原地纵跳、原地交替跳、原地踏步跳、原地脚花跳（可变换）、前后左右走步跳或跑步跳等多样化的练习。打地动作与各种走跑练习相结合，将产生丰富多变的效果。

5. 以朋友跳和亲子跳为主的协作练习内容

朋友跳是最受3～6岁幼儿欢迎的协作动作形式，也可视为一种高效的辅助跳绳游戏。而亲子跳则是孩子与家长或成年人之间的相互协作，借助成人的运动控制能力，可以显著提升动作的执行质量与速度。这类动作包括以单纯摇绳为主的协作练习、以辅助摇绳为主的单一跳跃练习、以辅助摇绳为主的交替跳绳练习、以辅助摇绳为主的简单脚花练习、一带一的带人跳练习以及时光穿梭或时光隧道等。此类练习难度适中，动作变化多样且充满趣味性，因而深受孩子们的喜爱。

6.以中长绳为主的协作练习内容

短绳练习对 3 ～ 6 岁的幼儿至关重要，中长绳类运动则体现了儿童的团队协作与配合能力。中长绳的摇绳训练对这一年龄段的孩子们来说具有较高的挑战性，因其身体相对矮小、绝对力量不足以及大肌肉群尚未完全发育，使得他们在长绳控制方面面临一定困难，因此需重点发展其摇绳能力。中长绳类动作的练习内容主要包括摇绳练习、协调跳跃动作、跳入跳出动作、连续跳跃、"8"字跑训练、彩虹桥练习及集体跳跃训练。在具体实施过程中，应根据幼儿的实际情况有针对性地进行训练，逐步增加参与人数，初期进行摇跳分离的节奏协调训练，随后过渡到摇跳结合的练习，待其熟练后再增加人数和训练难度。

第四节　幼儿跳绳的特点

一、3 ～ 6 岁幼儿跳绳具有鲜明的年龄特征

1.3 ～ 4 岁幼儿在跳绳活动中表现出直觉主导的特征

3 ～ 4 岁幼儿的思维方式仍然以直觉和行动为主，这主要依赖于他们对物体的感知以及自身的运动行为。直觉行动思维的特点包括局限性、表面性和情境性，因此在这一阶段，幼儿尚无法理解事物的本质及其复杂关系，有时甚至可能表现出固执或反抗。因此，在此阶段，幼儿应进行有趣且简单的无绳训练，以激发他们对跳绳活动的兴趣。首先，父母和教师应通过语言引导，并结合动作示范。首先进行青蛙跳、蹦床跳以及单脚跳等简单而有趣的无绳弹跳训练；接下来进行节奏性的空手训练，家长可以与孩子面对面，一边拍手，一边喊"一二三"，随着节奏一起双脚跳，反复进行，以增强孩子对节奏的感知；其次，引导孩子学习无绳摇摆、荡绳和击地绳的技巧；最后，进行空手模仿跳绳，家长可在幼儿身后拉着其双手，帮助其模仿跳绳的空摇动作。

2.4 ～ 5 岁幼儿在跳绳活动中的想象与协作特征

4 ～ 5 岁幼儿已经能够有意识地记住成人的指令，随着语言能力的发展和生活经验的积累，他们的想象力开始具备初步的目的性，想象的内容也变得更加丰富，更为重要的是，他们的思维逐步脱离直接的动作和感知对象，展现出更大的概括性和灵活性。因此，在这一阶段，幼儿可以逐步开展"两人协同跳"和有绳的双脚并脚单摇跳的训练，但仍需家长和教师配合。首先，家长或教师应与孩子共同跳绳，让孩子站在前面，一边喊"一二三，跳"，一边带领孩子进行双人跳，

让孩子体验绳子从脚下滑过时双脚离地的感觉；其次，让孩子一手握住绳子的两端，按节奏双脚跳跃，要求在绳子落地时双脚跃起，并可以练习双手交替握绳。在这一练习中，孩子可能会出现手脚不协调的情况，家长和教师应及时给予鼓励和指导。

3. 5～6岁幼儿在跳绳活动中展现出的系统性与目的性特征

在5～6岁阶段，幼儿的观察能力已有所提升，感知能力开始表现出系统性与概括性，记忆的有意性也显著增强，能够初步理解事物的本质属性及其内在规律。因此，在这一时期，幼儿能够进行更高难度的双脚交替单摇跳训练。在经过前期训练后，儿童可以双手握住绳柄，将绳子垂挂于身后，同时进行后向前的摇绳动作，配合双脚迅速起跳；接下来可进行双脚交替跳训练，在保留其他动作不变的情况下，摇绳瞬间一只脚悬空，重心转移至另一只脚，进行单脚起跳。可以通过口令"一二一"进行训练，具体为：在喊"一"时，左脚起跳；在喊"二"时，右脚起跳，逐步提高跳跃速度。在双脚交替跳训练中，教师应特别关注幼儿的状态，防止其悬空的脚被绳子绊倒。

二、3～6岁幼儿跳绳具有独特的形式特征

1. 3～6岁幼儿跳绳表现出形式单一化的特征

由于受身体素质和运动能力的制约，3～6岁幼儿在跳绳的内容选择及完成方式上呈现明显的单一化特征。在动作学习与训练过程中，技术拆解相对简易，动作结构趋向简化，以促进幼儿对动作的掌握与应用。这种单一化特征不仅反映了幼儿在身体发展阶段的特点，还与他们的认知能力和运动经验密切相关。3～6岁幼儿的运动能力尚在发展中，较低的身体协调性和力量使得他们在跳绳时往往选择较为简单的跳法，如单脚跳或双脚并跳。这种选择虽然在初期能够让幼儿更快地获得成就感，但从长远来看，可能限制了其运动技能的多样化发展。

通过对跳绳技术的拆解，可以针对幼儿的不同能力水平，设计多样化的训练方案。例如，可以引入节奏感和韵律感的训练，通过音乐的配合，让幼儿在跳绳时感受到节奏的变化，逐步提高其对复杂动作的适应能力。此外，游戏化的跳绳活动能够激发幼儿的兴趣，促进他们主动探索和尝试不同的跳绳方式，从而增强他们的运动创造力。

在此基础上，教师和家长应重视对幼儿运动发展的引导，鼓励他们在安全的环境中尝试更具挑战性的跳绳动作。同时，适当的技术指导可以帮助幼儿纠正错误动作，提高他们的运动表现。通过多样化的跳绳训练，不仅可以提升幼儿的身体素质，还能培养他们的社交能力和团队协作精神，锻炼全面发展的健康体魄。

2. 3～6岁幼儿跳绳展现形式娱乐化的特征

尽管3～6岁幼儿的运动能力有限，但他们活泼好动且富有好奇心，对跳绳动作的学习充满兴趣。如果仅仅进行单一的重复练习，将对孩子们的学习兴趣产生负面影响，因此应不断调整练习形式，将单一结构的动作转化为游戏或情境，以增强练习的娱乐性和多样性。在此基础上，将跳绳练习与游戏相结合，不仅可以提高幼儿的运动能力，还能培养他们的社交技能和团队合作精神。通过游戏化的学习方式，孩子们能够在轻松愉悦的氛围中自然地掌握跳绳的基本技巧。例如，可以设计一些团队跳绳比赛，鼓励幼儿们在合作中相互学习，提升彼此的默契和协调能力。这种互动不仅增强了他们的运动技能，还培养了他们的集体意识和竞争意识。

跳绳的多样化练习中还可以融入不同的教育内容，比如数字、颜色或形状等认知元素。在跳绳的过程中，教师可以引导孩子们数跳的次数、识别跳绳的颜色或形状，从而实现运动与认知的双重发展。这种跨学科的教学方式，不仅满足了幼儿的好奇心，同时也激发了他们对学习的兴趣，形成良好的学习习惯。

教师在设计跳绳活动时，需关注每个幼儿的个体差异。不同孩子的学习进度和兴趣点各异，教师应根据他们的特点调整活动内容和难度，确保每个幼儿都能在适宜的挑战中获得成功感。这种个性化的教学方法，可进一步增强幼儿的自信心和成就感，进而激励他们在运动中持续探索与学习。

3. 3～6岁幼儿跳绳体现形式互补性的特征

3～6岁幼儿在独立掌握和完成跳绳动作方面的基础尚不牢固，因此适时的辅助与支持显得尤为重要。在进行动作学习和训练时，应强调团队协作，鼓励进行朋友间的跳绳互动或辅助练习，通过优者带动劣者，或教练指导幼儿，及时给予帮助，体现出互助互补的特性。在幼儿跳绳学习过程中，团队协作不仅能增强孩子们的社交能力，还能促进他们的心理发展。通过与同伴的互动，幼儿能够在游戏中建立信任关系，增强自信心，减少对失败的恐惧感。参与团队活动时，孩子们能够观察到同伴的动作，进而模仿和学习，从而在潜移默化中提升自己的运动技能。此外，优者带动劣者的模式，使得技术较强的孩子在帮助他人的过程中，也能巩固和深化自身的技术理解。这种互助学习的环境，不仅让技术传授变得更加生动有趣，也让幼儿在相互交流中形成积极的学习氛围。

与此同时，教练在指导过程中应注重个体差异，根据每个幼儿的不同需求提供有针对性的支持。通过设置不同难度的跳绳任务，教练可以帮助孩子们在挑战中不断提升自我。在这一过程中，及时的反馈和鼓励尤为重要，可以有效增强幼儿的内在动机，促进他们对跳绳的兴趣。通过这种方式，孩子们不仅能掌握跳绳的基本技巧，还能在合作中培养团队意识和集体荣誉感，为他们今后的学习和生活打下坚实的基础。因此，在幼儿跳绳的教学中，强调协作与支持，不仅关乎技能的掌握，更是对其综合素质的全面培养。

第六章

幼儿跳绳的基本知识与要求

跳绳运动的入门看似简单，但在学习过程中必须掌握正确的技巧，尤其是摇绳的节奏、力度和起跳的配合。如果不注意这些，可能会导致体力过度消耗，还可能养成不良的习惯。对于3～6岁的幼儿而言，这一阶段是身体发育的关键期。如果对跳绳的技术特征和要求缺乏了解，盲目练习不仅会降低他们的学习兴趣和积极性，无法达到增强体质的效果，甚至可能对他们的正常发育产生不良影响。因此，在学习跳绳之前，应该系统地了解以下基本常识，并确保熟练掌握。

第一节　幼儿跳绳绳具的基本知识

一、幼儿跳绳绳具的选择

跳绳可分为娱乐性跳绳和专业性跳绳两类，前者主要用于游戏和娱乐，而后者则具有明确的技术要求和选择标准。目前，常见的专业跳绳包括竹节绳（珠节绳、珠绳、拍子绳）、棉麻绳、白胶绳、钢丝绳以及智能跳绳。跳绳者需根据自身的技术水平和发展阶段，合理选择适合的跳绳器具，以便有效掌握标准的跳绳技巧，提高技能水平，避免不必要的错误。

对于初学者而言，推荐使用珠节绳或配重棉麻绳。针对3～6岁的幼儿，珠节绳（软珠节）是当下最受欢迎的跳绳类型之一。这种跳绳由胶质小珠节串联而成，具备适当的重量，不易缠绕，并且长度可调，绳子与地面接触时能有效回弹，有助于培养幼儿的跳跃节奏感和身体协调性。同时，相较于其他材质的跳绳，珠节绳在安全性上更具优势。此外，低龄幼儿在跳绳的储存和维护能力方面较弱，通常将其视为娱乐活动。珠节绳不易打结，便于存放和整理，性价比高，因此非常适合幼儿使用。配重棉麻绳兼具珠节绳的特性，其安全性稍高，亦是

3～6岁幼儿的良好选择。

对于3～6岁幼儿来说，线绳和布绳在耐用性和美观性方面表现出色。这种材质的跳绳不易断裂，且重量轻，在跳绳过程中不易对幼儿造成伤害，十分适合低龄幼儿的跳绳入门。

胶绳因其制作成本低廉，价格合理，适合非职业运动员选择。然而，其材质特殊，质量稳定性差，容易因温度变化而变形或断裂。因此，家长和教师在幼儿使用胶绳时需特别关注其储存方式。尽管胶绳重量轻，更易摇动且阻力小，使其受到家长和学校的青睐，但在学校体育课程中，对使用频率较高的跳绳材料应谨慎选择。

二、幼儿跳绳绳具的调节

不同的身高、技能水平以及人群对跳绳绳长的需求各异，适宜的绳长对维持技术的规范性、准确性和有效性至关重要。调节绳长的一般原则是：运动水平越高，所需绳长越短。对于3～6岁初学者而言，建议使用珠节绳或配重棉麻绳。调节绳长的方法为：一脚踩住绳中部，令绳体对折后竖直拉起，测量绳体末端至肘关节的位置（不包括手柄），若计算手柄，则测量手柄至腋下的长度。若为速度跳绳，需将绳体长度适当缩短约10厘米，末端应位于肚脐位置。随着运动水平的提升，绳长应逐步缩短，并需根据手腕的力量及控制能力进行动态调整。

在绳长调节完成后，幼儿首先需掌握"背绳"技巧。将两绳柄重叠，先将绳子斜挂于颈部，然后一端从腋下绕至胸前，与另一端在肩部相遇，最后将两绳柄穿过绳尾，此过程称为"背绳"。"背绳"不仅方便活泼好动的幼儿携带，还有助于防止绳具遗失。

三、幼儿跳绳绳具的手柄与握持

跳绳绳具的绳体常受关注，但手柄对于跳绳同样至关重要。绳索动力的传递方式受到手柄长度的影响，握柄长度的变化会对施加在绳索上的力量产生相应影响。比较短手柄与长手柄时，会发现绳体与手柄接触部位的运动幅度差异显著。即使施加相同的力量，较长的握持距离能够产生更大的力量。另外，较长的握持距离会增加运动幅度，因此在进行连续多次跳跃或速度竞赛时，建议使用短握持手柄，以提高跳跃的稳定性和成功率。

对于3～6岁的幼儿而言，在初学阶段，跳绳的技术水平尚处于基础阶段，因此建议采用握持手柄后端的方式。在握持手柄时，食指需勾住绳柄，大拇指则压在食指上方，其余三指自然放置于绳柄上以提供辅助支持，而不参与主要发力。在摇绳过程中，需通过大臂带动小臂进行绳体摆动，这种握持方式有助于幼儿更好地掌控绳体，促进身体与绳体之间的协调配合。在掌握跳绳技巧后，可以逐步过渡至握持手柄前端的方式。

第二节 幼儿跳绳训练的基本知识

一、幼儿跳绳训练的注意事项

首先，在幼儿进行跳绳训练之前，家长或教师应协助幼儿选择合适的训练场地，建议选用软硬适中的地面，确保场地平整，避免在不平坦的地面上跳绳，以防幼儿摔倒；不应在坚硬的混凝土地面上进行跳绳，以免因摔倒导致关节受伤；也不宜在斜坡上跳绳，以避免双脚受力不均。

其次，为了保证幼儿学习过程的有效性，选择适合的运动装备至关重要。建议穿着轻便舒适、透气性良好的运动服，以免影响跳绳时的动作灵活性，尽量避免过于宽松的衣物。在初级训练阶段，建议穿长裤和长袖服装，以防止在训练中绳子误打身体，衣物应避免有飘带等装饰，条件许可时最好选择紧身且富有弹性的运动服；同时，需穿着质地柔软、重量轻且弹性好的运动鞋或专门的跳绳鞋，以降低脚踝受伤的风险。如地面过硬，建议佩戴护膝和护踝，以减少落地时对膝关节和踝关节的冲击力。

幼儿在跳绳之前还应注意整理仪容仪表，不得佩戴首饰，如手镯、手表和项链等；口袋内不得放置任何尖锐物品或硬物，以防在跳绳过程中出现绊倒的危险。此外，女孩子在训练前应将长发束起，以免头发缠绕跳绳发生意外。此外，幼儿在饭前及饭后半小时内不应进行跳绳训练，并避免在跳绳前大量饮水，以防引起身体不适。

二、幼儿跳绳的安全措施

1.教师应探索创新的教学形式

兴趣是幼儿学习的最佳推动力，而热情则是他们进步的强大动力。为了激发幼儿对跳绳的浓厚兴趣，教师必须摒弃单调的教学方式，积极寻找更符合幼儿接受能力的内容。对于幼儿而言，能够引发他们兴趣的活动才能有效激发他们的求知欲和好奇心。通常，只有打破传统的跳绳方式，以更为新颖的形式呈现，才能使他们跃跃欲试。此外，多样化的跳绳方式能够满足不同幼儿的个性化需求，使他们找到最适合和最喜爱的跳绳方式进行日常训练，这不仅有助于提升他们的训练效果，还能培养他们的自主性和学习热情。

2.训练前的准备活动

尽管跳绳运动的负荷较低，但幼儿在进行训练前同样需要重视准备活动。课前热身是幼儿活动课程的重要环节，也是预防受伤的重要措施。热身可以使身体有效地达到运动状态，增强肌肉的温度，使其逐步适应高强度的运动，从而更好地调动内脏器官的机能，降低运动损伤的风险。此外，热身活动能够提升神经系统的兴奋性，加快神经信号的传导速度，增强中枢神经对肌肉的协调控制能力，使幼儿更容易集中注意力于体育活动，促进他们迅速进入状态，帮助教师实现高效的教学。

准备活动的时间不宜过长，其持续时间和运动量应根据体育活动的内容和强度来调整。以增强体质和娱乐为目的的跳绳活动，其运动量较小，因此准备活动的运动量也应相对较少，时间也不宜过长。否则，幼儿在跳绳前就会感到疲惫，从而降低学习兴趣。关于幼儿跳绳前的准备活动内容，建议如下：

（1）无绳热身，模拟跳绳动作，轻松跳跃 30 秒，进行两组重复练习。

（2）进行韧带及肌肉的拉伸，涵盖小关节的静态拉伸、大关节的静态拉伸及弓步训练，重点部位的拉伸，双侧肌肉的拉伸以及侧向压腿训练，同时进行小幅度的动态拉伸动作，如手臂拉伸、肩部拉伸、扭腰、侧腰拉伸及腿部肌肉拉伸。

（3）原地高抬腿，快速活动下肢关节，一般进行 2 组，每组 10 次。

（4）扩胸运动：保持身体直立，双臂水平外展，尽量收缩肩胛骨。

（5）基本步伐练习：开合跳、弓步跳、前后跳及并脚左右跳（滑雪跳）等。

3.训练期间的指导示范

3～6岁的幼儿虽然已经初步具备抽象逻辑思维的能力，能够通过概念、判断和推理进行思考，但他们掌握的绝大部分概念仍是具体的，与直接感知的对象密切关联。因此，他们需要通过直观的形象来理解那些超越经验的抽象概念。因此，在训练过程中，教师需要通过语言引导和动作示范来进行指导。

在初级阶段，教师应使用简洁而生动的语言，并结合准确的示范动作，引导孩子学习空摇、荡绳和打地绳等基本技能。例如，在教授空摇时，教师可以采用以下表达方式："小朋友们，请跟随教师的示范，两手伸展，掌心朝上，像小企鹅一样，手臂放在斜下方，前方将绳子甩向地面而不跳，然后从前方甩向后方，反复进行前后甩绳的练习，仅进行甩动而不跳跃。接下来，左脚脚跟着地，抬起脚尖，绳子甩至脚下钩住，停止绳子后，再将双手向上拉，保持绳子拉直，注意手掌应朝上，而绳子则应朝向身体的两侧，小朋友们，注意不可朝任何方向倾斜。"

在跳绳训练中，幼儿需要对跳绳的基本技术进行反复练习，直至熟练掌握。这一过程较为漫长且可能令人乏味，幼儿由于注意力集中的不稳定性及独立想象能力的欠缺，容易产生放弃学习的情绪。因此，教师在进行语言引导的同时，还需提供鼓励与支持。在幼儿掌握空摇、荡绳和打地绳等基础技能后，教师可以逐步增加训练的难度，鼓励孩子挑战更复杂的跳绳技巧，如单脚跳、双脚并跳及双脚交替跳等。

对于低龄幼儿进行初级跳绳训练时，建议采用挺直的身体姿势，尽量保持身体直立，眼睛平视前方，进行有节奏的呼吸。跳绳的时间应根据实际情况进行调整，不宜过长，以避免引起幼儿的身体不适，应循序渐进地延长跳绳时间。

4. 训练中的分组练习

在体育课堂，尤其是幼儿体育活动课中，合理分组教学是实现有效教学的关键要素。分组通常依据幼儿的年龄、性别、生理健康状况、运动基础及心理特征等因素，灵活地将班级幼儿划分为若干小组，以期获得良好的教学效果并提升幼儿的学习兴趣。

在3～6岁幼儿的跳绳课中，游戏和跳绳基本技能占据了重要地位，因此教师如何灵活而合理地组织分组，让孩子们在练习中享受乐趣、在乐趣中进行练习显得尤为重要。幼儿在生长发育的关键期，具有较强的可塑性，能够迅速掌握多种动作，因此，通过激发他们的积极性，可以实现事半功倍的效果。具体建议如下：

（1）实施自我选择的组队方式。让幼儿自主组合成4～5人的小组并进行分散练习，教师在旁进行观察。这种分组方式强调幼儿的主观意愿，使练习过程更加主动和积极，促进互动与理解，从而提高幼儿的练习兴趣和学习效果。同时，教师可依据幼儿的竞争心理适度开展比赛，以增强练习氛围，并传递拼搏与不怕失败的体育精神。

（2）采用体能分组法。可根据幼儿的身体素质和运动基础进行分组。然而，幼儿普遍具有较强的自尊心，往往认为自己优于他人。因此，教师直接将幼儿分到较弱的小组可能会引发其心态上的落差和抵触，不利于提升他们的学习兴趣和技术掌握。因此，教师应灵活运用竞赛型游戏，例如在跳绳训练中，可以采用计时和跳绳次数竞赛的方式，在相同时间内比谁的跳绳次数多，并将跳绳成绩分为及格、中等、良好和优秀四个等级，鼓励幼儿根据自身能力自选等级，进行升级赛。这不仅能增强竞赛氛围，还能有效保护幼儿的心理状态。在练习过程中，教师应给予相对较弱的幼儿更多的帮助与指导，采取鼓励性的教学方式，帮助他们树立信心，提高练习效果与技术水平。

（3）采用集体分组的策略。对于5岁以下的幼儿，其思维主要依赖直觉，尚未具备深入理解事物本质的能力，并且缺乏独立思考的能力，因此在进行集体项目训练时会面临一定困难。然而，5～6岁幼儿的有意识记忆能力已有显著提升，教师可以针对这一年龄段的儿童进行集体分组练习，强调团队合作在体育活动中的重要性，并指出只有通过团结协作与相互鼓励，才能实现共同目标，进而激发孩子们的集体主义精神。在跳绳活动中，集体项目的典型例子是"跳大绳"。在初期的训练中，可以安排一至两名幼儿站定后开始甩绳，逐步增加参与人数。随着技能的提升，后期可以尝试更具挑战性的先摇绳再进绳的方式。

5. 训练后的放松活动

跳绳是一种有氧运动，幼儿在进行跳绳过程中，腿部和手臂的肌肉会大量消耗氧气，分解体内的糖原和脂肪等能量物质。如果长时间进行练习，也会造成四肢部位肌肉酸痛和疲劳，为了缓解疲劳，进行积极性恢复显得尤为重要。幼儿在进行跳绳训练后也需要进行积极的拉伸和放松活动。拉伸和放松不仅可以缓解腿部疲劳，对于3～6岁幼儿来说，更重要的是能减少肌肉损伤情况的出现。跳绳后的拉伸建议从以下几个方面进行：

（1）采用基本拉伸方法。例如，侧弓步拉伸、腿交叉触地、内收肌伸展、平抬腿拉伸、弯腰式拉伸、侧跨腿拉伸。拉伸和放松的具体方式和方法可以因人而异，要根据每个孩子练习的具体情况有针对性地进行设计和选择，只要能够达到缓解肌肉疲劳、放松肌肉和关节的目的，都是有意义和有价值的。

（2）对于3～6岁幼儿跳绳训练而言，针对练习完毕后腿酸、没力气的状况，放松练习的内容宜选择重点针对下肢的放松，将抖动、揉捏、牵引等放松动作编排到舒缓柔美的音乐舞蹈中。这样的安排既注重幼儿的身体放松又关注了幼儿的心理放松，为提高下节课孩子们的学习兴趣做了很好的铺垫。

6. 训练期间的应急处理

教师在幼儿进行跳绳训练时，需不断提醒孩子注意安全，以提高其警觉性。然而，即便在严格的安全监控下，跳绳活动中仍可能发生不可预见的意外情况。因此，教师或监护人应具备应急处理的能力，并做好相应的准备工作。例如：配备急救箱、掌握基本的急救技能，以及了解如何及时联系家长和医疗人员。在跳绳训练中，教师的角色不仅是指导技术，更重要的是为孩子们营造一个安全的运动环境。这要求教师具备敏锐的观察力，以及时发现潜在的安全隐患，如绳索的长度、场地的平整度以及周围环境的干扰因素。此外，教师应定期进行安全教育，帮助孩子们理解跳绳可能带来的风险，并教授他们如何在运动中保护自己，比如注意周围同伴的动态，避免发生碰撞。

为了进一步增强安全保障，教师可以设计一些安全规则，例如规定跳绳的区域，限制同时跳绳的人数，以及设立安全信号，确保孩子们在跳绳时能有效沟通。在训练过程中，教师还应鼓励孩子们互相照顾，培养他们的团队意识和责任感。通过这样的方式，不仅能提升孩子们的安全意识，也能促进他们的社交能力。

此外，教师的应急处理能力至关重要。在跳绳过程中，如果发生意外，教师应迅速判断情况并采取相应措施，例如及时安抚受伤的孩子，进行简单的急救处理，或者在必要时寻求专业医疗帮助。通过定期的培训和演练，教师可以不断提升自己的应急反应能力，确保在面临突发事件时能够冷静应对，最大限度地减少伤害的发生。这样的综合措施，可为孩子们提供一个更为安全和愉悦的跳绳锻炼体验。

第七章

幼儿跳绳的动作选取与策划

跳绳属于有氧运动中的一种，其对幼儿身心素质的全面锻炼具有重要意义。在运动过程中，跳绳主要可以提升人体的灵活性，促进各个系统功能的协调发展，同时增强神经反应能力和心肺功能。跳绳的技术形式多种多样：首先，跳法可以自由选择；其次，参与人数可以灵活安排；最后，跳绳的活动时间也相对自由。然而，3～6岁幼儿正处于成长发育的初级阶段，身体各部分尚未完全发育，因此在选择跳绳动作时，为了避免受伤和意外事故的发生，合理选取适合的跳绳动作显得尤为重要。

第一节　幼儿跳绳的动作选取

所有运动项目的技术动作均遵循人体运动力学的基本原理，具备标准的技术要求和规范。然而，对于不同年龄和能力的初学跳绳学员而言，必须依据个体的生理特点，循序渐进地选择适合其能力且易于掌握的跳绳动作与方法。只有在成功开始跳绳后，学员才能更有效地参与运动和竞技。跳跃运动能促进幼儿的健康发育，跳绳则有助于加快胃肠蠕动和血液循环，促进机体的新陈代谢，从而有利于幼儿的健康成长。孩子参与跳跃运动不仅能促进多方面的发展，还能使其性格变得更加乐观、开朗和活泼，同时培养身体的协调性。孩子尚处于未成年人阶段，缺乏独立判断能力，因此在训练过程中，一切都应以孩子为主体。根据孩子的能力，选择适合的跳绳相关动作或跳跃游戏显得尤为重要。

初学跳绳的有效方法为"摇跳分离"，即将摇绳动作与跳绳动作分开进行训练。在学员的摇绳与跳绳技能达到一定熟练程度后，再进行综合练习。摇跳分离的训练能够规范初学者的手、脚、关节和躯干等专项动作，提高四肢运动的敏捷性，增强部分主动肌肉的力量。由于摇绳不需要脚下的绳子，学员可以实现连续起跳，待达到摇跳一致后再进行过绳练习。但需要注意的是，应根据孩子的年龄和性格调整练习时间，每次练习的时长不宜过长。无论是摇绳还是跳绳，节奏感越强，越有利于孩子快速掌握跳绳技巧。前期可使用节奏感较强的音乐或节拍器来帮助学员稳定节奏。

任何运动都需要辅助训练，以帮助练习者实现更好的训练效果，跳绳亦是如此。一些辅助训练能够有效锻炼速跳时所需的肌肉，提升整体训练效果。跳绳是一项全身肌肉参与发力的运动，上肢、下肢和躯干需要良好的协调才能完成，同时全身的关节、肌肉和韧带也参与其中。

为了更有针对性地发展幼儿跳绳运动，在选择动作时应充分考虑幼儿的年龄、发育状况及身体特征。具体而言，可以从无绳跳、速度跳、基础跳、花样跳、朋友跳、亲子跳、中长绳、车轮跳和交互绳共九个类别中进行选择（见表7-1至表7-9）。

表 7-1   无绳跳动作选取列表

类别	内容	动作名称
无绳跳（或徒手跳）	徒手摇绳动作	单手模仿摇绳动作
		双手模仿摇绳动作
		变换模仿摇绳动作
		限制模仿摇绳动作
		听节奏模仿摇绳动作
	无绳下肢练习	踝关节弹动练习
		膝关节弹动练习
		原地纵跳练习
		原地交替跳练习
		各种脚花练习
		变化方向的走跑练习
		听节奏下肢练习
	徒手摇跳配合练习	单手摇跳配合练习（各种步伐）
		双手摇跳配合练习（各种步伐）
		双手击掌跳跃配合练习
		双手击髋跳跃配合练习
		听节奏摇跳配合练习
		变换摇跳配合练习

表 7-2　速度跳动作选取列表

类别	内容	动作名称
速度跳	单人速度类	单摇跳（并脚跳）（30 秒、1 分钟、3 分钟）
		单摇跳（双脚交替跳）（30 秒、1 分钟、3 分钟）
		定数计时跳（100 次、240 次、480 次、1000 次、1500 次、2000 次、2400 次、4800 次……根据情况确定）
		间隔交叉并脚跳（30 秒、1 分钟）
		双脚交替间隔交叉跳（30 秒、1 分钟）
	双人速度类	一带一跳（30 秒、1 分钟）
		两人摇绳重叠跳（30 秒、1 分钟）
		两人和谐并肩跳（30 秒、1 分钟）
		两人摇绳轮换跳（30 秒、1 分钟）
		两人摇绳换位跳（30 秒、1 分钟）
	集体速度类	三人和谐跳（2 摇 1 跳、2 摇 3 跳，30 秒、1 分钟）
		4×30 秒单摇接力跳
		交互绳进出绳跳（30 秒、1 分钟）
		10 人长绳集体跳（1 分钟、3 分钟）
		10 人长绳"8"字跳（1 分钟、3 分钟）
	综合速度跳	绳中套绳速度跳（定数跳、定时跳）
		彩虹桥穿越跳（定数跳、定时跳）
		单人网绳（10 条绳）速度跳

表 7-3　基础跳动作选取列表

类别	内容	动作名称
基础跳	甩绳打地动作	单手甩绳打地动作
		单手膝下甩绳打地
		单手后摇甩绳打地
		双手左右甩绳打地动作
		腕花甩绳打地（左右"8"字）动作
		左右翻腕打地动作
		前后打地动作
		手臂缠绕打地

续表

类别	内容	动作名称
基础跳	放接绳类动作	钓鱼（体前收接绳）
		遛狗（体后收接绳）
		外旋接绳
		内旋接绳
		左右侧甩放接绳
	缠绕动作	腰部缠腰动作
		手臂缠绕动作
		单腿缠绕动作
		背后手臂缠绕
		胯下手臂缠绕

表 7-4　花样跳动作选取列表

类别	内容	动作名称
花样跳	脚花类	踏步跳
		开合跳
		弓步跳
		脚跟前点地跳
		吸腿跳
		弹踢腿跳
		后屈腿跳
		钟摆跳
		其他高级脚花动作（选学）
	手花类	头上摇绳
		交叉摇绳
		左右打地摇绳
		后摇绳
		双摇动作（选学）
		限制位摇绳动作（选学）

表 7-5　朋友跳动作选取列表

类别	内容	动作名称
朋友跳	辅助摇绳跳跃练习	两人辅助交换跳
		两人同摇并肩跳（并脚）
		两人同摇并肩跳（双脚交替）
		两人同摇重叠跳（前后站位）
		辅助摇绳脚花跳
	朋友配合跳跃练习	一带一基本带人跳
		钻洞（腋下钻过带人跳）
		一带二基本跳
		一带四基本跳
		两人换位（换绳）交替带人跳

表 7-6　亲子跳动作选取列表

类别	内容	动作名称
亲子跳	两人配合练习	两人一带一单摇跳（30 秒、1 分钟、2 分钟，等等）
		两人和谐单摇跳（30 秒、1 分钟、2 分钟，等等）
		两人辅助轮换跳（30 秒、1 分钟、2 分钟，等等）
		一带一钻洞跳（30 秒、1 分钟、2 分钟，等等）
		两人基本车轮计数跳（30 秒、1 分钟、2 分钟，等等）
	朋友接力跳跃练习	"1+1"定时接力跳（"30 秒 +30 秒""1 分钟 +1 分钟""45 秒 +45 秒"，等等）
		"10+10"交替接力跳（1 分钟、1.5 分钟、2 分钟、3 分钟，等等）
		"10+10"和谐、辅助接力轮换跳（30 秒、1 分钟、2 分钟，等等）
		"1+1"定数接力跳（"100+100""200+200""300+300"，等等）
		"10+10"交替接力跳（"5+5""10+10""20+20"组，等等）
		两人一带一定数计时赛
		两人规定动作依次接力轮换跳

表 7-7　中长绳跳动作选取列表

类别	内容	动作名称
中长绳跳	中绳练习	彩虹桥（过拱门）
		三角绳或四角绳
		三人和谐跳
		中绳套小绳（绳中绳）
	长绳练习	多人跑"8"字跳
		多人集体跳长绳（具体人数根据情况选定）
		波谷与波峰
		两人规定动作依次接力轮换跳

表 7-8　车轮跳动作选取列表

类别	内容	动作名称
车轮跳	基础练习	车轮同摇
		车轮基本前摇
		车轮基本后摇
	换位练习	车轮基础换位
		车轮单转换位
	转体练习	车轮单内转
		车轮单外转
		车轮交替内转
		车轮依次同转

表 7-9　交互绳跳动作选取列表

类别	内容	动作名称
交互绳	进出绳	交互绳进绳
		交互绳中基本跳（单、双脚）
		交互绳出绳
		交互绳同侧进绳同侧出绳
		交互绳同侧进绳异侧出绳
	摇绳类	交互绳基本摇绳
		交互绳左右侧摇绳
		交互绳上摇绳

类别	内容	动作名称
交互绳	换接绳	交互绳同侧换接绳
		交互绳异侧换接绳
		交互绳两人同时换接绳

幼儿跳绳典型动作图示（见图 7-1 至图 7-53）。

图 7-1　单手模仿摇绳动作（左手示例）

图 7-2　单手模仿摇绳动作（右手示例）

图 7-3　双手模仿摇绳动作

图 7-4　原地纵跳练习

图 7-5　原地交替跳练习

图 7-6　变化方向的走跑练习

图 7-7　听节奏下肢练习

图 7-8　双手胸前击掌跳跃配合练习

图 7-9　双手腹前击掌跳跃配合练习

图 7-10　听节奏摇跳配合练习

图 7-11 变换摇跳配合练习（正面）

图 7-12 变换摇跳配合练习（背面）

图 7-13 单摇跳（并脚跳）

图 7-14 单摇跳（双脚交替跳）

图 7-15 定数计时跳（以双脚交替跳为例）

图 7-16 间隔交叉并脚跳

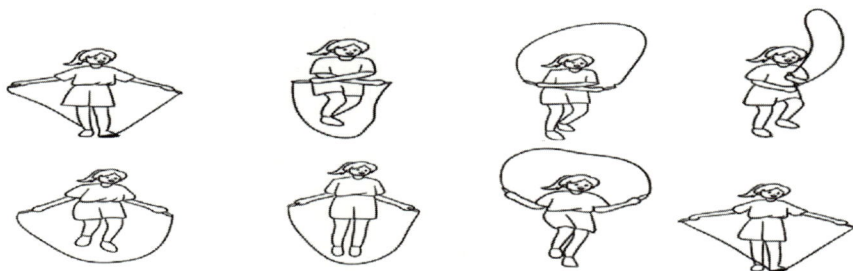

图 7-17　间隔交叉双脚交替跳

图 7-18　两人一带一单摇跳（并脚跳）

图 7-19　两人一带一单摇跳（交替跳）

图 7-20　两人摇绳重叠跳（并脚跳）

图 7-21　两人重叠和谐跳（交替跳）

图 7-22　两人并肩和谐跳（并脚跳）

图 7-23　两人并肩和谐跳（交替跳）

图 7-24　两人辅助摇绳轮换跳

图 7-25　两人辅助摇绳换位跳

图 7-26　三人和谐跳

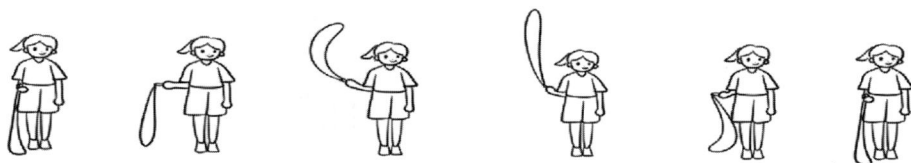

图 7-27　单手甩绳打地动作（右手）

图 7-28　单手甩绳打地动作（左手）

图 7-29　单手膝下甩绳打地（左手）

图 7-30　单手膝下甩绳打地（右手）

图 7-31　双手左右甩绳打地动作

图 7-32　前后打地动作

图 7-33　手臂缠绕打地

图 7-34　钓鱼（体前收接绳）

图 7-35 遛狗（体后收接绳）

图 7-36 外旋接绳

图 7-37 内旋接绳

图 7-38 左右手臂缠绕动作

图 7-39　单腿缠绕动作

图 7-40　背后手臂缠绕

图 7-41　胯下手臂缠绕

图 7-42　开合跳

图 7-43　弓步跳

图 7-44　脚跟前点地跳

图 7-45　交叉摇绳

图 7-46　左右打地摇绳

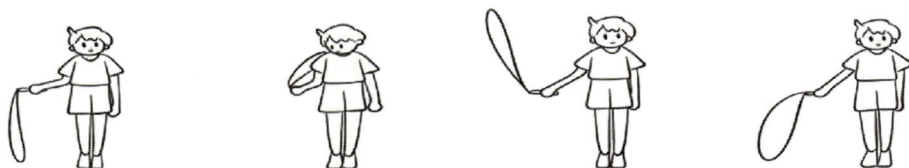

图 7-47　后摇绳

图 7-48　多角绳（三角绳或四角绳）

图 7-49　绳中绳（中绳套小绳）

图 7-50　车轮同摇跳

图 7-51　车轮基本前摇跳

图 7-52　车轮基本后摇跳

图 7-53　车轮基本换位跳

第二节　幼儿无绳跳动作策划（部分示例）

跳绳作为一项运动，入门相对简单，但要想掌握复杂的跳绳技术，幼儿仍需循序渐进地进行练习。对于 4 岁以下的初学幼儿而言，大多数尚未掌握跳绳的基本技能，甚至可能连摇绳的动作都不会。因此，在这一年龄段，幼儿更适合进行无绳跳的练习，具体建议如下。

一、无绳并脚跳

1.准备姿势

在进行并脚跳练习之前，首先需做好充分的准备姿势。身体应保持直立，双手自然放于身体两侧，目视前方。双脚并拢，脚尖微微向前，膝盖轻微弯曲，重心应放在双脚之间。

2.起跳

起跳时，应提腰拔背，双腿用力蹬地，将力量有效传递至身体各部位。起跳过程中，要保持身体协调一致，确保动作轻盈流畅。

3.落地

落地时，前脚掌应先着地，脚踝和双腿自然弯曲，以缓冲地面对身体的冲击力。同时，双臂也应配合落地动作，以稳定身体。落地时应保持身体的平衡和稳定性，避免因落地不稳而造成受伤。

4.重点与难点

把握并脚跳的频率和节奏。一般来说，每分钟跳 120 ～ 140 次为宜。在练习过程中，可根据幼儿的身体状况和运动能力逐步调整频率与节奏。同时，要注意节奏的均匀和稳定性，避免出现忽快忽慢的情况。

二、无绳交替跳

1.起始姿势

起始姿势是双脚交替跳的重要环节。在起跳之前，需调整好身体姿势，确保身体稳定。双脚分开与肩同宽或稍宽于肩，膝盖轻微弯曲，重心应放在脚尖与脚跟之间。同时，手臂自然下垂或摆放在身体两侧。

2.跳跃过程

在跳跃过程中，应保持身体协调一致，利用腹部和腰部的力量推动身体向上跃起。同时，需注意双脚交替的时机及动作的准确性。在落地时，应关注膝盖的缓冲与稳定，避免因落地不稳而导致受伤。

3.重点与难点

掌握双脚交替的节奏，增强幼儿脚踝的力量，协调双脚的交替动作，确保动作流畅、自然。

三、无绳开合跳

1.准备动作

自然站立，双脚并拢，双臂自然垂于身体两侧，抬头挺胸，目视前方。

2.起跳

在完成准备动作后，即可开始起跳。在起跳时，需运用爆发力迅速将双脚向两侧跳开，同时双臂向上伸展，手掌心相对，形成类似于"拥抱"的姿势。在起跳过程中，应注意膝盖保持伸直，确保身体垂直向上。

3.落地

当双脚跳开后，应以前脚掌轻轻落地，同时双臂也要随之收回，回到身体两侧。在落地瞬间，务必注意屈膝缓冲，以减轻对身体的冲击。

4.重点与难点

在进行开合跳时，需掌握跳跃的节奏，避免过快或过慢。保持稳定的节奏不仅能让身体更加舒适，还有助于提高运动效果。

四、无绳弓步跳

1.准备姿势

双脚平行站立，与肩同宽，脚尖指向前方。双手自然放置于身体两侧，或交叉于胸前，以保持身体平衡。收紧腹部和背部肌肉，确保身体挺直。

2.跳跃过程

弯曲膝盖，使身体前倾，同时将重心转移至前脚掌。运用爆发力将后脚向前跳起，尽量跳得更高。在跳跃过程中，保持身体挺直，双臂自然随跳跃动作摆动。当后脚落地时，前脚随之向前迈出一步，形成弓步姿势。重复跳跃与迈步的动作，以保持节奏。

3.重点与难点

把握弓步跳的时机与节奏至关重要。

五、无绳并脚左右跳（滑雪跳）

1.准备姿势

自然站立，双脚并拢，双臂自然垂于身体两侧，抬头挺胸，目视前方。

2.跳跃过程

保持身体挺直，目视前方，避免左右摇晃。同时，注意双脚的交替动作，保持稳定的节奏。应关注双脚的起落顺序与动作幅度，确保左右脚的落地位置大致相同，以避免不平衡的情况出现。

3.重点与难点

在跳跃过程中，须注意把握与控制节奏，尽量保持速度的稳定，避免出现忽快忽慢的情况。同时，应根据个人身体状况选择合适的节奏与强度。

第三节 幼儿带绳跳动作策划（部分示例）

4～5岁幼儿在熟练掌握基本无绳跳技巧后，可以逐步进行带绳练习，增加难度。应循序渐进地进行复杂的带绳步伐练习，使幼儿开始体会跳绳的乐趣。具体建议如下：

一、左右空打绳

1.动作要领

（1）绳柄握法：进行左右空打绳时，需正确握住绳柄，这是确保动作稳定和防止受伤的关键。一般而言，双手应分别握住绳柄的稍后端，手心向上，手肘微曲。握力不宜过紧或过松，应根据个人情况进行调整。

（2）摇转方法：摇转时，应利用手腕的力量，以圆弧形轨迹摇转绳子。同时，要注意保持身体平衡和稳定，避免左右摇晃或上下颠簸。

（3）方向调整：在练习过程中，应根据需要调整绳子的摆动方向，尽量保持左右交替的摆动方式。

2.重点和难点

掌握摇绳与绳子打地的时机和节奏。

二、直摇并脚跳

1.动作要领

（1）手臂需保持基本摇绳姿势，控制手臂摇绳的节奏。

（2）双脚并拢向上跳，落地时仅需前脚掌着地。

（3）在绳子打地的瞬间向上跳一次。

2.重点和难点

把握并脚跳过绳的时机和节奏。

3.练习方法

（1）固定手型：可选择摇空绳或两手各握一根短绳，并脚向上跳。

（2）徒手跳：在原地模仿整个动作过程。

（3）单个动作练习：每次仅跳一次后停下来，重新开始。

（4）连续动作练习：幼儿熟练单个动作练习后可进行连续跳跃，以1或2个八拍为一组，进行间隔练习。

三、双脚交替跳

1. 动作要领

（1）手臂需保持基本摇绳姿势，控制手臂摇绳的节奏。

（2）抬脚时脚尖下压，并且脚尖与地面的距离不得超过 10 厘米，落地时应以前脚掌着地。

（3）进行单脚跳时，绳子应在脚下通过后再抬起另一只脚，两脚交替跳跃，以右脚落地算作 1 个，完成 30 个为一组，进行间隔练习。

2. 重点和难点

掌握单脚跳交替过绳的时机和节奏。

3. 易犯错误及纠正方法

（1）易犯错误：单脚跳交替与过绳时机把握不准，无法控制绳子节奏，左右脚交替不协调。

（2）纠正方法：进行单脚跳时，确保绳子先过脚再抬起另一只脚。

4. 练习方法

同直摇并腿跳。

四、带绳开合跳

1. 动作要领

（1）手臂应保持基本的摇绳姿势，控制手臂的摇绳节奏。

（2）脚步打开时，双脚应分开，与肩同宽。

2. 重点与难点

掌握开合及过绳的时机和节奏。

3. 易犯错误及纠正方法

（1）易犯错误：脚步的开合及过绳的节奏把握不准确，难以控制绳子的节奏，无法把握开合的时间差。

（2）纠正方法：从合到开时，绳子应先过脚，随后再打开双脚；从开到合时，需先合并双脚，再进行过绳。

4. 练习方法

同直摇并腿跳。

五、带绳弓步跳

1. 动作要领

（1）手臂应保持基本的摇绳姿势，控制手臂的摇绳节奏。

（2）当脚步打开时，前一只脚应落地，膝盖的弯曲角度应保持在 30°～60° 之间，后面的脚必须伸直且脚跟不能着地；两脚间距应约为 20 厘米。

2. 重点与难点

掌握弓步跳过绳的时机和节奏。

3. 易犯错误及纠正方法

（1）易犯错误：弓步与过绳的时机和节奏把握不当。

（2）纠正方法：从合并到弓步时，绳子应先过脚，随后打开双脚形成弓步；从弓步到合并时，需先合并双脚，再进行过绳。

4. 练习方法

同直摇并腿跳。

第四节 幼儿配重绳动作策划

5～6岁幼儿在熟练掌握基本跳绳技巧之后，可以根据自身水平参加一些跳绳比赛。通过观摩高水平运动员的表演及亲身参与比赛，不仅能提升幼儿的跳绳技术，还能增强他们的学习积极性和对跳绳的热情。在比赛之前，通常会使用一些配重绳来增强幼儿的力量、耐力和协调性等身体素质，通过渐进式的训练以达到比赛的目标和期望，但训练计划仍需根据幼儿的年龄和身体状况进行针对性制订。具体建议如下：

一、配重绳的选择

1. 材质

选择质地柔软且轻盈的绳子，以便幼儿轻松掌握。

2. 长度

根据幼儿的身高和需求，选择合适的绳子长度。

3. 重量

选择适合幼儿体重和力量的配重绳，既能达到锻炼效果，又不会因其过重而导致幼儿疲劳或受伤。

4. 安全性

确保配重绳无毒无害，并符合相关安全标准。

二、基础跳绳动作的进阶

在进行配重绳的练习之前，幼儿需掌握上述所提到的带绳跳的基础动作，在此基础上进行赛前针对性动作训练。

1. 配重绳直摇并腿跳

从基本准备动作开始，两脚掌蹬地发力，跳起一定高度，提膝、收腹，稍含胸，大臂下垂，尽量贴近身体。双手应以手腕发力为主，迅速向前摇绳绕身体一周，屈膝，前脚掌着地。

2. 配重绳双脚交替跳

在基本摇绳姿势的基础上，绳子经过脚的同时，先抬起一只脚跳过，再抬起另一只脚跳过绳子，两脚交替过绳。

3. 配重绳跳绳节奏练习

跟随节拍器以 60 拍 / 分钟的节奏进行练习，或利用具有明显轻重音的音乐，随旋律寻找节奏进行练习。

第五节　幼儿集体跳绳动作策划

跳绳作为一项多样性运动，本质上是一项集体性质的活动。因此，幼儿集体跳绳训练蕴含着重要的教育价值，不仅能够培养幼儿的沟通和表达能力，更重要的是，它有助于提升幼儿的团队合作能力，使每个孩子能够在团队中发挥自身的特长，促进与团队伙伴间的更多交流。从更高层面的角度来看，跳绳运动中，只有在更多参与者的密切配合下，才能创编出更精彩的跳绳技术套路和表演，充分展现技术性与艺术性的多样性。针对幼儿集体跳绳的动作策划，具体建议如下：

一、幼儿集体原地跳长绳

1. 动作要领

（1）摇绳：摇绳者在跳长绳中扮演着关键角色，孩子们需要掌握正确的摇绳技巧，以确保绳子具备足够的速度和节奏。双手握住绳子，手臂自然弯曲，按照绳子摆动的方向进行动作，大臂带动小臂发力，使绳子在空中连续不断地划出圆形轨迹。

（2）准备姿势：跳绳者需预先站在指定的跳绳位置，位于两位摇绳者的中间，面向其中一位摇绳者。多人跳绳时，需排成一列纵队。双脚并拢，微微屈膝，保持身体直立，双手自然垂放于身体两侧。应保持放松但要专注，双眼注视即将落地的绳子。

（3）跳跃：可由一人发令，摇绳者同时向同一方向摇动绳子，跳绳者则需同步起跳，让绳子顺利通过脚下。当绳子接近地面并准备上升时，跳绳者需准确判断时机，迅速起跳。在跳跃过程中，双脚应同时离地，并尽量跳得更高，同时注意身体的协调性和节奏感。摇绳者需连续摇动绳子，跳绳者则需持续跳跃。

2.重点和难点

摇绳者需将绳子摇动成圆形；跳绳者需把握过绳的时机和节奏。

二、幼儿集体长绳绕"8"字跳

1.动作要领

（1）摇绳：摇绳是进行"8"字跳长绳的关键步骤。参与者需掌握正确的摇绳技巧，以确保绳子的速度和稳定性。双手紧握绳子，手臂自然弯曲，通过大臂带动小臂，交替施力，使绳子在空中连续划出圆形轨迹。应注意保持节奏感，确保速度适中。

（2）准备姿势：两名摇绳者相对站立，握持长绳，其他跳绳者在其中一名摇绳者的侧面排成一列。跳绳者的双脚应并拢或微微分开，身体保持直立，抬头挺胸，双手自然垂放。保持放松但要专注，以便为即将进行的跳绳动作做好准备。

2.跳跃

初学者在进绳时应在绳子接触地面的瞬间跳入，熟练后可在绳子经过面前时迅速进绳；跳绳者应站在摇绳者的侧面，尽可能靠近摇绳者，以确保绳子不会碰到身体，沿斜直线运动至另一位摇绳者的侧面出绳，进绳后的起跳点应尽量位于绳子中心，着地时需位于绳子外侧，且出绳后应迅速前冲，离开绳子的活动区域。

3.重点与难点

摇绳者需保持绳子的圆形运动；跳绳者需准确把握进绳的时机和节奏，掌握起跳点，确保跳绳者之间衔接流畅。后一位跳绳者须紧盯前一位跳绳者，当前一位跳绳者进绳时，后一位跳绳者应做好进绳准备，做到思想集中，动作迅速。

第八章
幼儿跳绳游戏的相关知识与借鉴

跳绳游戏在幼儿体育活动中占有重要地位，参与此类游戏的幼儿能够在多个方面获得能力提升。这项活动不仅能增强幼儿的身体素质，提升体能，增进速度、耐力和灵敏性，还能促进智力、思维能力、创造力和竞争意识的发展，从而有利于幼儿的身心健康。

第一节 幼儿跳绳游戏的特点

一、锻炼性

幼儿在参与跳绳游戏时，所进行的身体活动并非单纯的机械性动作反复，而是一种综合、多样且开放的运动方式。这种运动形式不仅有助于幼儿运动经验的积累，还能有效地将神经感知与肌肉运动有机结合，促进幼儿神经系统和运动器官的健康发展。

二、趣味性

幼儿跳绳游戏形式多样，内容丰富，孩子们能够创造性地调整跳绳的方式，例如变换花样和节奏。这一创造与表达的过程不仅激发了他们的创新思维，还提升了身体的协调能力，使得跳绳游戏充满乐趣，给幼儿带来轻松、平等、自由和愉悦的体验。

三、互动性

跳绳游戏可以以个人、双人或团队的形式进行。在团队活动中，孩子们需要相互配合、协作，以达成共同的游戏目标。这种合作与竞争的经历有助于提升孩子们的团队协作能力和沟通技巧。通过集体跳绳活动，幼儿能够相互鼓励、支持与帮助，共同应对挑战，这有助于培养他们的积极心态和情感表达能力。

四、规则性

跳绳竞赛本身具有明确的规则性，规则是各类体育活动开展的重要基础。将规则融入幼儿跳绳游戏，不仅能确保活动的顺利进行和目标的达成，还能有效预防意外事故的发生。通过参与跳绳游戏，幼儿能够意识到生活中的规则普遍存在，从而树立规则意识，并学会遵守相关规则。

第二节 幼儿跳绳游戏的价值

一、促进幼儿身体发育

跳绳活动有助于幼儿身体各器官及系统功能的正常发育，增强肌肉和韧带的力量与弹性，提升运动系统的功能。在跳绳过程中，幼儿的心率增加，有利于呼吸系统与循环系统的协调能力提升；动作发展与中枢神经系统控制能力密切相关，因此，运动技能的提升也能促进神经系统功能的发展。

二、促进幼儿智力成长

跳绳活动能促进幼儿大脑的发展，提升其思维敏捷性与判断能力。在跳绳的过程中，孩子们需要不断进行计数、节奏判断与动作调整，这有利于增强其注意力、记忆力等认知能力。通过参与跳绳，幼儿能够积累丰富的知识与运动经验，从而提高其感知能力、观察力、记忆力、想象力、判断力、思维能力与创造力。

三、培养幼儿意志品质

参与跳绳游戏不仅能给幼儿带来快乐，还能培养其坚持不懈、勇于克服困难的意志品质与决心。在跳绳的过程中，孩子们需要调节自己的情绪和行为，遵循游戏规则，并对自己的行为做出合理决策，这种对自我控制与决策能力的培养，有助于他们在未来生活与学习中更有效地应对各种挑战。同时，跳绳也能够培养幼儿的积极心态与抗挫能力，从而提升其心理素质与适应能力。

第三节 幼儿跳绳游戏的类型

一、根据参与人数分类

1.个人跳绳游戏

个人跳绳游戏是指跳绳者利用跳绳这一简便的运动器械进行的集健身与娱乐于一体的体育锻炼形式。这种活动不仅是提升身体素质的有效手段，还能有效培养个体的节奏感与协调能力。通过持续地练习，参与者能够在游戏中探索多样的跳绳技巧，从而增强自信心。此外，跳绳所具备的社交属性也不容忽视，个体在与同伴的交流技巧与经验的过程中，有助于促进彼此之间的互动与学习，进而营造出积极向上的运动氛围。

2.双人跳绳游戏

双人跳绳游戏是一种在跳绳活动中，由两名参与者进行的互动性体育锻炼形式。这种活动不仅有助于提高身体的协调能力，还能促进团队合作意识。在游戏过程中，参与者需要紧密配合，调整节奏与步伐，这种互动不仅锻炼了身体素质，还加深了彼此之间的信任与默契。此外，双人跳绳的多样化玩法为不同年龄段的参与者提供了挑战与乐趣，成为促进社交和身心健康的重要途径。

3.团体跳绳游戏

团体跳绳游戏是一种集体协作的体育活动，涉及多名参与者在跳绳过程中进行相互配合与互动。这种活动不仅有助于提升参与者的身体素质，还促进了团队协作与沟通能力的提高。在游戏进行中，队员们需要协调一致，形成默契，这种互动不仅增强了游戏的趣味性，更为参与者提供了培养社会交往能力的机会。通过共同追求目标和面对挑战，团体跳绳在潜移默化中能够培养参与者的团队精神，增强其集体归属感。

二、根据身体素质训练分类

1.体能训练类跳绳游戏

该游戏旨在提升跳绳运动员的综合体能素质，不仅能增强参与者的生理素质，还能促进其提高团队合作能力。在这一过程中，跳绳活动不仅是单纯的身体锻炼，还是心理素质的培养。通过游戏中的竞争与协作，参与者能够在愉悦的氛围中发展社交技能，从而提高自信心与应变能力。未来的研究，可深入探讨不同类型跳绳游戏对不同年龄段人群的具体影响。

2.速度训练类跳绳游戏

该游戏旨在强化练习者的速度素质，提升其爆发力。参与者不仅能改善身体协调性和反应速度，还能通过游戏化的形式增强参与感和乐趣。通过引入各类游戏元素，如计时挑战与团队合作，能够激发运动者的竞争意识，从而提高训练效果。此外，将音乐节奏融入跳绳训练中，进一步增加运动的趣味性，可使训练过程更加引人入胜，促进练习者长期参与的积极性。

3.灵敏协调类跳绳游戏

该游戏的主要目标在于培养练习者的敏捷性和协调性，不断增强其灵活性与协调能力。在未来的训练及竞赛中，灵敏协调类跳绳游戏应得到更广泛推广，以提升运动员的综合素质。通过多样化的游戏设计，不仅可以增强运动员的身体素养，还能在运动员面临压力时提升其决策能力和团队协作意识，从而为他们在更高水平的竞技场上取得佳绩奠定坚实的基础。

4.力量训练类跳绳游戏

该游戏聚焦于练习者的力量素质，通过一系列活动增强其肌肉和关节的力量。这不仅能提升参与者的自我效能感，还可助力其心理韧性的培养。在面对挑战时，参与者学会如何有效应对失败与挫折，从中汲取经验，增强解决问题的能力。这种能力的提升不仅仅局限于运动领域，还可广泛应用于日常学习和工作中，使参与者在应对生活中的各种挑战时能够从容不迫与坚定不移。

三、根据活动形式分类

1.接力形式跳绳游戏

在游戏中，通过接力跳绳的形式可促进参与者之间的协作与交接，以达到培养团队合作能力的目的。这种接力跳绳的方式不仅能增强团队成员间的默契与协同能力，还能提升其沟通技巧。通过不断地调整节奏与协调策略，团队成员在实际操作中能够学会如何有效解决问题与应对挑战，从而在更广泛的社交场合中运用这些能力，进一步深化团队合作的内涵。

2.追逐形式跳绳游戏

此游戏结合了跳绳与追逐的方式，不仅展现了竞争特性，还融合了协作元素。这种互动模式能够激发参与者的创造性思维，鼓励他们探索多样的战术与策略。参与者通过灵活调整跳绳的节奏与追逐的方式，能够有效应对对手的变动，从而提升其应变能力。这类游戏不仅是对身体的锻炼，同时也是对心理素质的全面提升，为参与者在日常生活中应对挑战积累了宝贵的经验。

第四节 幼儿跳绳游戏的注意事项

教师在组织游戏时需时刻关注幼儿的安全，积极引导幼儿参与活动，鼓励他们自主探索。

教师应合理安排跳绳游戏的时间，控制适宜的活动量；活动量过小则难以达到锻炼目的，过大则可能会对幼儿的健康产生负面影响。

在游戏过程中，教师需提醒幼儿遵循游戏规则，强调规则的重要性。如果大多数幼儿未能遵守游戏规则，教师应分析原因，及时中止游戏并调整不合理的规则。

教师应在确保幼儿乐于参与的同时，保障其安全，定期检查游戏环境和器械的安全性，并为幼儿提供必要的支持，特别关注年龄较小、性格内向、体质较弱及反应迟缓的幼儿。

教师应不断提升自身专业素养，将多样的儿歌、情境和故事融入跳绳游戏中，以激发幼儿的参与热情。在创编跳绳游戏时，应考虑幼儿的发展差异，确保其身体素质的全面提升。教师还应鼓励幼儿创新游戏规则与玩法，积极引导他们追求更佳的游戏效果，尊重幼儿的主体性，着力培养其自主性和创造力。

第三部分

幼儿跳绳方法全案

第九章

幼儿跳绳教学与训练的基本原则和技巧

幼儿跳绳教学是在幼儿园体育教育目标的指导下，由幼儿园教师依据幼儿在此阶段的身心发展特点及社会对人才的需求标准，精心挑选适宜的教学内容、科学的教学策略和有效的教学方法，系统性地、有计划地促进幼儿身心发展的综合性活动。这是一种集体课程，是主要以身体锻炼为核心的集体体育活动。这一活动由教师的指导与幼儿的参与共同构成，是幼儿园体育活动的重要组成部分。

跳绳被誉为一种"最理想的运动"，因其操作简便、易于学习，适合各个年龄层的健身需求，尤其对幼儿的生长发育具有显著促进作用。尽管跳绳对幼儿身心发展至关重要，有助于其力量、速度、耐力和协调性等身体素质的提升，并且能够改善幼儿的感觉统合障碍，特别是在促进前庭觉和本体觉的发展上效果显著，但在幼儿跳绳的教学与训练中，必须遵循幼儿生长发育的特点，并依照一定的原则进行。

第一节　幼儿跳绳教学与训练的基本原则

一、普及性原则

幼儿跳绳的普及性原则首先体现在其广泛的适用性上，旨在面向所有幼儿，确保教育机会和资源的均等分配，目标是使所有接受教育的幼儿都能够掌握跳绳的知识与技能。我们应积极推动公办幼儿园的发展。公办幼儿园的建设原则应以"安全、适用"为导向，其使命是提供"广覆盖、保基本"的学前教育公共服务，使中低收入家庭的幼儿负担得起且享有基本的质量保障，从而让绝大多数幼儿有机会参与跳绳的体育教育活动。对于家庭困难、有视力障碍及听力障碍的儿童，也应提供相应的跳绳教育，并配备有爱心与责任感的专业教师，为幼儿提供平等而充足的体育教育机会。

二、安全性原则

在设计幼儿跳绳的教学内容时，必须坚守"安全至上"的原则，确保儿童在活动中安全无虞，这是所有体育活动的基石。考虑到我国独生子女占有很大比例，家长对孩子的关心愈加深入，我们必须对此问题给予高度重视，特别是在幼儿阶段。此年龄段的儿童正处于身心快速发展的关键期，认知能力相对有限，但对新事物的探索欲望强烈。他们的安全意识不足，这无疑增加了跳绳教学过程中的潜在风险。如果教师在这一阶段未能采取适当措施保障幼儿在跳绳过程中的安全，将可能导致严重的意外伤害，甚至造成儿童的终身残疾和心理创伤。因此，在制定幼儿跳绳教学内容时，必须充分考虑幼儿的生理发展规律。设计的课程内容和负荷安排应合理，以保障幼儿在学习过程中的安全。教学内容的难度不应超出幼儿的实际能力，应多采用简单有效的辅助练习，并由指导教师进行及时的指导与保护。同时，教学环境、场地及器材的选择和摆放也需特别关注。

三、趣味性原则

幼儿跳绳的教学与训练应具备趣味性。参与体育活动对提升幼儿的身体素质和心理健康具有积极作用。因此，教师在设计教学内容时，应致力于激发幼儿的兴趣，确保他们在练习中体验乐趣。这样的设计不仅有助于增强幼儿的专注力，还能加深他们对教学内容的记忆，从而促使他们持续参与教学活动。因此，在跳绳教学中，应多设计相关的游戏和情境。由于幼儿年龄较小，他们更容易通过多样化的场景和生动有趣的语言来激发对学习内容的兴趣，进而实现学习目标和效果。在体育活动教学中，幼儿通常乐于探索新事物，可能会导致注意力的短暂分散。因此，我们需特别注意避免对某一游戏或练习的过度重复，以免引发幼儿厌倦。在组织体育游戏活动时，应设计多样的体育游戏，尝试各种创新玩法或为幼儿设置不同难度的游戏，以更好地激发他们的参与热情。

四、科学性原则

在幼儿跳绳的教育与训练中，必须确保其科学性。这主要体现在两个关键领域：首先是现代科学研究成果的应用；其次是对科学知识的创新与再创造。幼儿跳绳教学与训练的设计应基于 3～6 岁幼儿的身心发展特征与需求，涵盖教学目标设定、运动课程时间安排及教学方法的选择等方面，教学内容的设计应依据幼儿的具体需求，符合其身心发展规律。在跳绳教学中，需确保幼儿的关节和肌肉得到充分锻炼，以防止其身体发育出现偏差，从而避免影响肌肉和骨骼的正常发育。

五、个体差异性原则

在社会中，每个人都是独特的个体，在外貌、性格、学习能力等方面，都存在显著的差异。这些差异源于个体的生理特征，因家族遗传的不同而导致成长发育的个性化。此外，后天的环境和学习经历也会影响个体，使他们在同一动作的学习和理解上存在差异。因此，在教学与训练过程中，应尊重每位幼儿的个性，关注其独特的表达方式，并依据其学习能力实施个性化教学。对于不同的幼儿，应设计不同难度的教学内容，并制定相应的教学目标，以确保其全面发展。

六、循序渐进性原则

幼儿跳绳的教学与训练应紧密围绕项目本质，遵循循序渐进的原则，从基础到复杂，确保在尊重幼儿身心发展规律的前提下，不断创新和丰富教学内容。在教学设计时，必须充分考虑幼儿生长规律及运动技能的发展特点。同时，在实际教学中，教师应依据幼儿的学习反馈和接受能力，灵活调整跳绳动作的难度，确保教学过程的渐进性。这种教学方式不仅能激发幼儿的学习热情，还能促进他们有效、快速地掌握教学内容，从而优化整体教学效果。循序渐进原则应贯穿于幼儿跳绳教学与训练的全过程，教学内容应从简单到复杂、由易到难，并在不违背幼儿身心发展顺序的前提下不断进行创新。根据幼儿的学习表现和接受程度，合理确定教学内容的难易程度，教学应当循序渐进，针对不同幼儿的能力水平设计相应的教学内容，以期实现每位幼儿的全面发展。

七、全面性原则

全面性原则涵盖三个方面：第一，教育应面向所有幼儿。跳绳教育应为普惠性教育，而非精英教育，避免特殊对待，确保所有幼儿在跳绳知识与技能的学习中享有平等机会。第二，跳绳教育应促进幼儿的全面发展。跳绳不仅是体育教育的内容，还能提升幼儿的身体素质、增强其面对困难的勇气、提高人际交往和合作能力，从而推动幼儿的全面成长。第三，教学与训练的维度应全面涵盖，包括情感、认知和技能等方面，确保教学内容的系统性与丰富性。教师不仅要传授知识与技能，还需关注幼儿的情感态度与价值观教育，让幼儿在情感丰富的学习环境中探索跳绳的知识与技能，激发他们对跳绳的好奇与期待。通过全面的教学体系，幼儿能够更快速地适应更高阶段的学习与训练，成长为德智体美全面发展的人。

八、社会性功能原则

社会适应性指个体与社会之间的关系，涵盖人与人之间的沟通及个体对社会的适应等多个方面，在幼儿教育中尤为重要。本阶段幼儿通过与他人的互动和学习，逐步形成对社会的认知与理解，从而提升社会适应能力。首先，幼儿与教师的关系建立是社会适应性的关键体现。在幼儿园中，教师是幼儿的重要社交对象之一。幼儿通过与教师的互动，学习如何建立人际关系、进行有效沟通以及解决问题等社交技能。因此，教师在教学中应重视与幼儿的情感交流，构建良好的师生关系，为幼儿的社会适应性发展奠定坚实基础。其次，体育活动在幼儿教育中对社会适应能力的培养具有重要意义。通过参与体育活动，幼儿能够学习遵循规则、团队协作及自我挑战等社会行为。例如，在跳绳教学中，教师可以设计多样化的跳绳游戏，以培养幼儿的团队精神、挑战自我的意识和纪律性等积极品质。这些品质不仅能促进幼儿当下的社交能力，还有助于他们未来的发展。最后，幼儿教育中社会适应能力的培养应注重全面性与长期性。教师应关注幼儿的全方位发展，不可仅限于知识与技能的传授，更要重视其社会性成长。同时，社会适应能力的培养是一个持续的过程，教师需在日常教学中潜移默化地进行引导与支持，帮助幼儿逐步建立良好的社会适应能力。总之，社会适应能力在幼儿教育中占据着极其重要的地位。教师应重视与幼儿的良好关系，通过体育活动等多种方式促进幼儿的社会适应能力，为他们的未来发展打下坚实的基础。

第二节 幼儿跳绳教学与训练的基本技巧

在幼儿跳绳教学和训练过程中，教师要根据幼儿的生理特性和心理发展特点，掌握一定的技巧，根据不同的情况采取具体的教学与训练技巧，保证教学和训练过程的顺利实施。

一、增强过程趣味性

幼儿最喜欢的事情就是做游戏，在跳绳教学和训练中，要注重过程的趣味性。在进行跳绳教学和训练时，可以加入游戏的方式，吸引幼儿的乐趣，让幼儿积极主动地参与到跳绳运动中来。在幼儿跳绳过程中，可以加入一些音乐，伴随着音乐的节奏，可以增强运动过程中的乐趣，减少枯燥感，吸引幼儿的注意力。教师要根据幼儿的状态和训练程度及时调整教学和训练内容，减少枯燥乏味的教学内容和训练过程，以游戏化的方式来进行教学和训练，让幼儿跳绳运动变得更具趣味性。

二、注重幼儿差异化

要尊重幼儿的差异化，尊重每个幼儿的体育发展水平。每个幼儿的技能熟练和掌握程度不同，需要教师付出的教育方式也有所区别。教师要尽量从孩子的角度考虑，从孩子的行动推测孩子内心的想法，理解幼儿独有的内心想法，理解孩子的真实感受。在幼儿的教学和训练中，教师不仅是孩子的引导者，还是孩子的同伴。对于性格内向、动作笨拙的孩子，教师应该鼓励或带动他们一起练习。教师应帮助幼儿进行阶段性练习，对幼儿的跳绳学习进行适当的指导；对于性格活泼开朗、动作协调的孩子，教师可以对孩子进行赞扬并鼓励幼儿继续努力，可以让幼儿们互帮互助。教师要在照顾全体孩子的同时，注意每个孩子的个体差异性，关注每个孩子的运动基础，根据不同水平的孩子制定不同内容的教学，照顾到全体孩子，达到最佳的学习效果。

三、重视幼儿自主化

教师在教学和训练中要认真关注孩子的情绪、态度和对跳绳运动的积极性，对孩子进行引导又不可做过多干预。教师也可以让孩子根据自己的特长和喜好，选择不同的跳绳训练方式，自由组合，提高孩子之间的交流和合作能力，使孩子在训练中相互影响、共同进步，让孩子能在快乐有趣的环境中进行跳绳运动，使幼儿真正成为跳绳活动的主人，体现出幼儿运动的主体性，实现幼儿跳绳运动的自主化，培养孩子的自主意识和能力。幼儿自主性的培养有助于提高幼儿的自我认知和自我调节能力。当幼儿自主地控制自己的行为和情绪时，他们就能更好地应对挑战和困难。这种自我调节能力是终身发展的基础，可以帮助幼儿更好地适应学习和生活中的各种变化。

四、重视语言和情感交流

在幼儿的跳绳学习和训练过程中，语言起着很重要的作用。对于问题的思考、提出都要使用语言，因为语言可以促进孩子与同伴的交流和发展。教师要重视对孩子的语言能力和语言表达能力的培养，提高幼儿的人际交往能力。情感交流对于幼儿如何了解自我、评价自我和调节自我方面有着显著影响。在跳绳教学和训练中，教师要及时和幼儿进行语言和情感上的交流，让幼儿及时表达自己在跳绳过程中遇到的问题、困难或者收获，关注幼儿在训练过程中的各种情绪，教师应及时对其进行调解，主动和幼儿进行情感交流，稳定幼儿的情绪。要重视语言交流和情感交流对于幼儿训练和成长的重要性。

五、重视亲子共育教育

在孩子的成长过程中，亲子共育无疑是一种重要而特殊的教育方式。它不仅涉及孩子的知识和技能的培养，更关乎孩子的情感、性格和价值观的形成。对于幼儿来说，家庭教育和学校教育同等重要。家庭教育是幼儿接受教育的起点，学校教育是家庭教育的延续。在幼儿的跳绳教学和训练过程中，除了教师，家长的教育也起到了很大的作用。教师对幼儿进行跳绳训练后，幼儿回家之后是否对技能进行巩固和练习，这就涉及家庭教育了。就正如，教师对同一技术进行教学，在课堂上幼儿都掌握的情况下，再次训练时会发现幼儿的掌握情况有明显差异，这就说明有的家庭没有对孩子进行校园外教育，所以家长和教师对幼儿的共同教育也是很重要的。

六、增强幼儿的身体素质

幼儿运动的目的之一就是增强幼儿的身体素质。跳绳运动对于发展幼儿的弹跳能力、协调能力等具有很大益处。跳绳运动可以培养幼儿对于跳绳的热爱，适当的跳绳运动可以提高幼儿的心血管适能和体适能，让幼儿身心更健康。坚持进行跳绳训练，可以培养幼儿坚持运动的好习惯，养成坚持不懈的好品质。教师要牢记，幼儿的跳绳教学和训练的最终目的就是增强幼儿的身体素质，其训练过程要科学化、合理化。

七、培养幼儿的团体意识

团体意识在幼儿的意志品质发展过程中必不可少。在跳绳教学和训练过程中，教师可以鼓励幼儿相互学习、相互交流、相互帮助，促进幼儿跳绳训练的合作和交流。幼儿在进行集体训练过程中，可以提高幼儿的社交能力，锻炼幼儿和他人的交往能力；可以提高幼儿的注意力和观察力，在进行集体训练时，幼儿可以观察他人的学习和训练程度，与自己做比较，培养幼儿的分析和理解能力；可以培养幼儿的道德意识和集体意识，培养孩子集体荣誉感和合作意识，体验集体合作的愉悦，分享集体成功的快乐。

八、注重健康与安全教育

在幼儿的跳绳学习与训练过程中，教师要特别强调安全教育。跳绳属于户外集体性运动，活动范围比较大，当幼儿练习时分散范围比较广阔，教师不可能顾及每个孩子。所以，在进行跳绳活动之前，教师要预料到可能出现的不安全因素，对孩子进行安全知识和行动的教育，增强孩子的自我保护意识和能力。在跳绳之前，教师要对孩子的穿着和运动装备进行检查，注意幼儿的运动负荷，及时关注幼儿的身心状态，活动前后及时提醒幼儿增减衣物。在幼儿练习过程中，教师要四处走动，及时关注孩子的练习情况，纠正错误动作，聆听幼儿想法，与幼儿沟通，相互评价，发现问题及时进行必要的安全指导和安全教育。教师要格外注意跳绳训练过程中幼儿用绳子相互抽打这一情况，因为幼儿的玩性大，并不能体会到绳子抽打的危害，教师要在课前、课中和课后对其进行健康和安全教育。在跳绳训练中，绳子绊倒事故也频频发生。教师要告诉孩子，休息时要把跳绳收纳起来或者背身上，切勿随意放置，以免带来危险。幼儿的户外活动中最重要、对教师考验最大的就是幼儿的健康安全问题，所以教师在进行教学和训练过程中，一定要注意幼儿的身体状况，保护幼儿的身体安全。

第十章
幼儿跳绳教学与训练的基本方法

跳绳是一项基于绳索的创新体育教学活动，尤其适合幼儿在体育课间或课堂中进行身体与心理素质的锻炼，特别是在提高幼儿的灵敏度和协调性方面具有重要意义。此外，跳绳作为一种传统运动，具有娱乐性和多样性，可以有效培养幼儿的创造力，提升其思维意识。然而，鉴于幼儿正处于身心发展的初级阶段，在进行跳绳的教学与训练时，教师必须特别关注方法的选择与应用。因此，本节将重点探讨幼儿跳绳教学与训练的基本策略。

第一节 幼儿跳绳教学的基本方法

在这一阶段，幼儿的身体器官和功能尚未完全发育，具备极大的可塑性。如果能够科学合理地实施跳绳教学活动，不仅可以促进幼儿自身素质的发展，还能为他们进入小学后系统学习跳绳奠定坚实的基础。对于幼儿而言，跳绳具有一定的挑战性，许多动作的完成需要依赖他们的力量和耐力，这对幼儿的协调能力和反应速度提出了较高的要求。因此，若采取单一的教学方式或不科学的训练手段进行重复训练，可能会影响幼儿的学习兴趣，进而限制他们在跳绳技能上的发展与提升。因此，选择恰当的教学方法对跳绳教学的有效实施至关重要。

一、语言教学法

语言教学法是指在体育教学过程中，教师通过各种形式的语言与幼儿互动，以指导他们掌握学习内容的技巧。该方法的优点在于能够同时向众多幼儿传递信息。恰当运用语言教学法能够激发幼儿的思维，使其形成正确的认知，促进运动技能的养成，并培养幼儿分析和解决问题的能力。此外，它还能够激发幼儿的锻炼积极性，活跃课堂氛围，增进师生的关系。在幼儿跳绳学习的过程中，语言教学法是最常用且不可或缺的教学方式，如何合理、正确和巧妙地运用语言解释跳绳相关内容和知识显得尤为重要。语言教学法的具体运用方式包括讲解、口令与指示、口头评价、口头汇报以及默念与自我暗示。

1.讲解

讲解是教师向幼儿说明教学目标、动作名称、技巧要点、动作方法以及规则要求等，并指导幼儿进行运动技能的学习与掌握。3～6岁的幼儿处于从幼儿园到小学过渡的关键阶段，这一时期也是身体生长发育的重要阶段。此时幼儿的身心发展尚未成熟，认知能力处于初步发展状态，因此在跳绳教学中，讲解作为一种基础的教学方式显得尤为重要。在教学过程中，采用情境化的讲解策略是非常有效的。这种方法通过情境导入，能够营造出轻松愉快、易于理解的学习氛围，从而吸引幼儿的注意力，使其更好地参与到教师的讲解中。例如，教师可以将跳绳知识与幼儿熟悉的小动物或动画角色相结合，帮助他们初步掌握跳绳的基本动作。

在进行跳绳教学时，运用讲解法应注意以下几点：

（1）明确讲解目标。体育教师应根据课程目标、教学内容以及幼儿的特点，选择合适的讲解方式、语气和语速，确保讲解有的放矢。

（2）确保内容的准确性。跳绳的讲解内容需符合科学原理，确保信息的正确性。同时，讲解方式应具备趣味性，内容的广度应适应幼儿的体育基础和已有的知识经验，以便幼儿能够理解和接受。

（3）生动形象且简洁明了。在讲解跳绳时，教师应利用幼儿熟悉的生活事物或已掌握的运动技能，以生动的方式进行讲解，帮助幼儿更好地理解动作要领。此外，教学中应着重抓住重点，简洁明了地传达所学内容。

（4）具备启发性。教师的讲解应激发幼儿积极思考，运用鼓励和赞美的方式，使幼儿能够将观察、听取、思考与实践有机结合。

（5）注意讲解的时机与效果。在体育教学中，讲解应在幼儿面向教师并专注于教师讲解时进行，避免在幼儿练习或背对教师时进行讲解。

2.口令与指示

幼儿的认知能力尚处于初步发展阶段，注意力容易分散，缺乏自我控制能力。因此，在教学过程中，合理运用口令和指示显得尤为重要。无论是身体素质练习还是跳绳动作训练，都应在教师的口令和指示下进行。在教学过程中，教师应运用指令，引导幼儿根据指令进行身体活动，同时在学习跳绳的过程中，及时纠正和指导幼儿，采用鼓励性和趣味性的语言进行教学。此外，教师可以选择一些富有节奏感的音乐，以引导幼儿感知节奏。在教学初期，幼儿可以根据音乐节奏进行拍手，逐步过渡到边拍手边跳，最后能够跟随节奏进行跳跃。一旦掌握了节奏，孩子们可以运用手脚模仿跳绳的动作。口头指导在组织教学时尤为重要，例如准备跳绳器材和排队等环节；同时，当幼儿在练习中未能意识到的关键动作需要通过简洁明了的语言进行说明。口头指导应准确、及时且简练，尽量使用积极的表达方式。

3.口头评价

口头评价是依据特定标准，对幼儿在行为表现和练习完成情况进行的口头反馈。在教学和练习过程中，教师必须对幼儿的掌握程度和练习情况进行评价。在实施口头评价时，重在正面反馈，并保持鼓励的态度；对否定评价则需注意语气和分寸，同时应指明改进方向并提供提升的方法。

4.口头汇报

口头汇报是教师要求幼儿根据教学目标和个人体验，简明扼要地表达自我观点和感受的方式。幼儿在学习过程中是主体，因此教师鼓励幼儿总结和汇报所学内容，不仅能提升其运动技能，还能锻炼其语言表达和总结能力。

5.默念与自我暗示

默念是幼儿在实际练习前，通过无声语言回忆整个动作或某些要素，以提高练习效果的方式。自我暗示则是幼儿在实际练习中，默念某些指令性词句，以自我调控练习过程。在教学和练习中，运用卡通人物的动态模型能够帮助幼儿在内心构建动作的模型，并通过不断鼓励，增强孩子们的自信心，使他们更容易掌握动作。

二、直观教学法

直观教学法是在体育教育中，教师通过实际演示及外部支持，利用幼儿的视觉、听觉、触觉以及肌肉本体感觉，帮助幼儿直接感知运动技能的一种教学手段。对于身心发展尚处于初步阶段的幼儿而言，直观教学法是一种极为重要的教学方式，它能够清晰有效地帮助幼儿理解教师所讲解的内容，尤其是在跳绳技能的掌握上。

在跳绳教学中，常见的直观教学方法包括动作示范、教具与模型的演示，以及通过电影、电视、幻灯、投影和录像等媒介辅助教学。此外，还有助力与阻力的运用，以及定向与领先的策略。

1.动作示范

动作示范是指体育教师或指定幼儿通过具体的动作实例，帮助其他幼儿理解动作的形态、结构和要领。这种方法具备简便灵活、真实感强和针对性高等特点。对于 3～6 岁幼儿而言，大多在幼儿园阶段尚未接触过跳绳，因此教师在教学时需提供清晰的示范，并采用通俗易懂且富有趣味的方式，以便幼儿能够直观地理解跳绳的相关动作。

在实施动作示范时应注意以下几点：

（1）设定明确的教学目标；

（2）确保示范动作的准确性；

（3）合理选择示范的位置及方向；

（4）将示范与讲解有机结合。

2.直观教具与模型演示

这一方法主要通过图像、图表、照片及人体模型等视觉材料，进行间接的教学展示。运用直观教具和模型向幼儿展示跳绳的技巧，能够帮助幼儿有效地理解和接受所学内容。进行教具与模型演示时，应明确教学目的并选择适宜的演示方式，注意演示的时机，并与讲解示范相结合。

3.影视媒体的运用

在使用电影、电视和录像等视听材料时，教师需根据教学目标选择合适的内容，将影片、电视和录像与讲解和示范相结合。此阶段的幼儿对新事物充满好奇，渴望学习，因此教师在教授跳绳时，应采用他们感兴趣的影视教学方式，可以有效促进幼儿对各种动作的理解。

4.助力与阻力

助力是指通过外部力量的介入，使幼儿利用触觉和肌肉本体感觉来体验正确的用力时机、力度、方向及时空特征，以便准确掌握动作的一种直观教学方法。

5.定向与领先

定向是指利用相对静态的具体视觉标识，例如标志物、标志线和标志点，为幼儿指明动作的方向、幅度、轨迹及用力点。领先则是指相对动态的视觉信号，通常在动作前方出现。在应用定向与领先策略时，需根据教学内容和学习者的特征合理设置视觉标识。

三、完整法与分解法

1.完整法

完整法是指从动作的起始到结束，整体传授和练习动作技巧的一种方法。这种方法通常适用于动作结构较为简单、协调性要求较低、方向变化不大的情况。即使动作较为复杂，但其各个部分之间联系紧密时，也不宜进行分解。以跳绳为例，该动作为连续性动作，过程不能中断，因此对于无法分解的跳绳动作，完整法是较为合适的教学方式。

完整法的几种常用实施方式包括：

（1）直接运用。在教授一些简单且易于掌握的跳绳动作时，教师可在讲解示范后，让幼儿直接进行完整动作的练习，例如一些基础的跳跃练习。

（2）强调重点。在教授较复杂的动作时，教师在要求幼儿进行完整练习的同时，应强调学习的重点，甚至在完整练习中单独针对某一环节进行深入学习。对于身心尚处于初步发展阶段的幼儿，理解某个动作的重点较为困难，尤其是对于一些复杂动作的接受度不足，若无法掌握跳绳动作的关键，学习效果可能会受到显著影响。因此，在跳绳教学中，教师应着重强调关键点，引导幼儿有针对性地进行倾听、学习和练习。

（3）降低难度。在完整练习过程中，可以减轻幼儿完成跳绳动作的复杂度，降低跳绳的节奏，或减少单位时间内的跳跃次数。对于初学者而言，全面的教学内容可能使其难以完全掌握，甚至可能挫伤其练习的积极性。因此，在跳绳的教学环节中，适度降低难度不仅有助于幼儿逐步掌握动作要领，还能激发其学习跳绳的热情和决心，提高学习的兴趣。

2. 分解法

分解法是将完整的跳绳技术动作合理拆解为若干部分，逐段进行教学，最终展现完整的技术动作。实施分解法时，可以基于跳绳技术的时间顺序、空间位置及时空结合等特征进行合理划分。在划分动作技巧的段落时，需确保各部分之间的有机联系，保持动作的整体结构不被破坏；明确每个部分在整体动作中的功能与位置，为各部分的组合奠定基础。在建立完整的动作理念后，适时过渡到整体方法。对于一些可拆解且难度较大的跳绳动作，通常采用分解法进行教学，以帮助幼儿循序渐进地理解和掌握跳绳技术。

四、预防与纠正错误法

这一方法是指教师针对幼儿在练习中出现的动作错误，选择最有效的手段，及时进行错误的预防与纠正。预防与纠正错误在动作学习过程中紧密相连、相辅相成。预防错误具有前瞻性，教师可以根据经验预测幼儿在跳绳过程中可能出现的错误，例如姿势不当、手部动作不规范等。为了有效预防这些错误，教师应提前向幼儿讲解正确的跳绳技巧，进行标准动作的示范，并强调关键动作要点。同时，教师还应提供针对性的练习方法，以帮助幼儿巩固和掌握正确的动作技巧。

即使预防措施再周全，幼儿在实践过程中仍有可能出现失误，因此纠正错误的环节显得尤为关键。当教师观察到幼儿的错误动作时，需立即指出并进行深入分析，及时、准确地识别并改正幼儿的错误动作。

1. 强化概念法

强化正确动作的概念，以促进精确动作表象的形成。通过加强讲解与示范，结合幼儿已有知识进行对比，使幼儿清晰地认识到正确与错误动作之间的主要差异，从而主动规避并及时纠正错误动作。

2. 转移法

当幼儿因恐惧、焦虑或受旧有运动技能影响而导致错误动作时，应采取改变练习内容的方法，利用诱导性和辅助性练习，将幼儿从已形成的错误动作中转移出来。

3. 降低难度法

在幼儿执行动作时，由于体能不足或心理紧张可能导致错误，应通过调整练习条件、降低任务难度和分解动作等方法，帮助幼儿在相对简单的环境中完成动作。

4. 信号提示法

当幼儿在练习中因不清楚用力时间、节奏或空间方向而出现错误时，可以使用听觉信号和口头提示，明确幼儿的发力时机和节奏。此外，还可利用标志线、杯子或标志物来指示动作的方向和幅度，以提示幼儿正确的动作。

5. 外力帮助法

在幼儿因用力部位、大小、方向或幅度不明而出现错误时，体育教师可以运用外力帮助幼儿建立正确动作的本体感觉。

6. 游戏教学法与竞赛法

游戏教学法是一种教师组织幼儿通过游戏形式进行学习的教学策略，在规则框架内充分激发幼儿的主动性与创造性，以实现预设的教育目标。游戏设计应包含一定的情节，通过游戏活动教授跳绳等运动技能，同时培养幼儿必须具备的跑、跳等基本运动素质。在游戏实施过程中，教师需密切观察幼儿的各方面表现，并根据幼儿的实际学习状况灵活调整游戏的规则、时长和形式，以最大化游戏的练习效果和教育价值。

竞赛法是指根据规定的参与人数和已掌握的跳绳技术与技能进行竞争，以决出胜负的一种方法。在实施过程中，需要对比赛的强度、时长和次数进行有效控制。根据教学目标的不同，可以选择多种竞赛形式，例如在复习课中可以使用教学比赛法，而在评估教学效果和幼儿能力时则可采用测验比赛法等。比赛内容应聚焦于幼儿已经熟练掌握的动作，并且需遵循严格的规则。在集体比赛中，参赛队伍的实力水平应保持一致，以降低意外伤害的风险。

五、分阶段教学

单纯激发幼儿的学习兴趣是不够的。跳绳不仅要求身体各部位的协调性，还需要幼儿具备良好的节奏感和掌握相应的技巧。教师必须具备一定的跳绳技巧知识，以更有效地指导幼儿的学习。在教授跳绳的过程中，应采取细致入微、循序渐进的教学方法，确保幼儿逐步掌握这一技能。

在教学实施期间，教师需保持耐心与热情，鼓励幼儿积极参与并勇于自我挑战。同时，教师应根据幼儿的学习进度与能力差异，灵活调整教学策略与方法，确保每位幼儿都能获得个性化的指导与支持。此外，教师还需重视幼儿的安全问题，确保他们在学习过程中不受到任何伤害。

第二节　幼儿跳绳训练的基本方法

幼儿跳绳方法则是根据不同年龄段幼儿的体能及动作发展特点，结合其心理特征，旨在达到练习跳绳目的而运用的多种手段和途径的总和。练习方法是幼儿跳绳体能训练的重要组成部分，它是在教师的指导和幼儿的实践过程中共同实施的，旨在帮助幼儿完成跳绳任务。运动训练方法的基本结构由多个主要因素构成，包括练习动作及其组合方式、运动负荷及其变化方式、过程安排及其变化方式、信息媒介及其传递方式、外部条件及其变化方式等。本节将重点讨论六种训练方法：分解训练法、完整训练法、变换训练法、间歇训练法、示范训练法和游戏训练法。

一、分解训练法

1.分解训练法的定义

分解训练法是一种将完整技术动作或练习动作拆分为多个环节和部分的训练方法，即在掌握各个部分后，再进行整合练习。这种方法通常适用于较为复杂的技术或战术训练。由于幼儿对知识的好奇心强，但技能的习得较慢，分解训练法能够将幼儿的跳绳训练分解为若干环节，使其能够先掌握某些技能，待巩固后再进行下一步的练习，这对幼儿跳绳的学习具有显著的帮助。

2.分解训练法的类型及应用

（1）单纯分解训练法

单纯分解训练法将练习动作划分为若干部分，分别进行练习后再合并为完整的动作进行训练。此方法对练习的顺序没有严格要求，各部分可以独立进行。单纯分解训练法适用于幼儿初步跳绳训练阶段，首先进行摇绳练习，随后进行跳跃练习，两者的顺序不作限制，可以独立训练。在基础练习中，各种技术动作也可不分顺序地进行训练，以确保幼儿掌握各种跳绳的基本动作。

（2）递进分解训练法

递进分解训练法是一种将练习动作拆分为多个部分的训练方法。训练时，首先专注于第一部分，掌握后再进入包含第一部分的第二部分，继而掌握第二部分后，再进行包含其的第三部分，如此逐步深入，直至完整掌握技术动作。该方法对练习的顺序衔接要求较高，但对各部分的具体练习顺序要求相对较低。此方法在幼儿跳绳训练中的应用较为有限，但可用于幼儿的个别花样难度训练，要求幼儿具备较高的技术掌握能力和动作衔接能力。

（3）顺进分解训练法

顺进分解训练法是一种逐步整合练习动作的训练方法。首先，训练第一部分，待掌握后再结合第一部分与第二部分进行训练，随后在掌握两部分后再将第三部分加入训练，如此顺序推进，直至掌握所有相关技术动作。该方法适用于幼儿在掌握基本跳绳动作后，进行动作衔接的练习。例如，在进行双摇或多摇训练时，可以先单独练习侧打，待掌握后再进行基本单摇练习，继而将这两个部分结合进行敬礼跳或交叉跳的训练，最终实现将三部分连贯起来的三摇跳。然而，由于三摇跳的技术较复杂，幼儿学会的比例较低。掌握此方法对提升幼儿跳绳技术技巧具有显著的促进作用。

（4）逆进分解训练法

逆进分解训练法是一种从后向前的练习动作分解训练方法。训练时，首先专注于技术动作的最后一部分，随后逐步增加训练内容至前一部分，逆向推进，直至掌握完整的技术动作。该方法的练习内容与技术动作的顺序相反。逆进分解训练法适用于关键技术练习，例如在幼儿的车轮跳训练中，首先让幼儿练习车轮跳的转身动作，随后再进行基本的双人车轮跳练习。通过先掌握较难的技术动作，再进行简单技术的练习，有助于提高幼儿的整体技能水平。

二、完整训练法

1.定义

完整训练法是将技术动作视为一个整体进行训练的方法，而非将其拆分为多个部分。这一训练方法适用于个人技能的练习以及多人合作的训练，要求幼儿在进行跳绳训练时具备扎实的基本功，并掌握基本的跳绳技术。

2.应用

例如，在大众一级的训练中，当幼儿掌握了各项基本动作后，需要将这些动作串联起来进行完整的练习，以期能够顺畅地完成一整套动作，从而帮助幼儿熟悉并掌握动作之间的衔接技巧。

三、变换训练法

1.定义

变换训练法是通过调整训练内容、形式与方法，以增强幼儿跳绳训练的趣味性、积极性和适应性。这一方法能够有效提升训练的效率，考虑到幼儿注意力集中的时间较短且易于分散，需把握幼儿的敏感期，从而提高跳绳训练的效果。

2.应用

（1）内容变换训练法

内容变换训练法通过在训练过程中改变跳绳动作和技术，提升训练灵活性，激发幼儿的积极参与和兴趣，增强其适应能力。鉴于幼儿注意力易于分散，好奇心强烈且短暂，需要根据这一特点制定丰富多样的训练内容，以避免单一和重复的训练模式。在一次训练中，首先可以引导幼儿进行基本的徒手跳跃练习，以激发他们的兴趣。随后，可以进行技术动作的训练，如速度练习，并根据幼儿的表现安排低强度的个人竞赛，既提高训练的趣味性，又能评估训练成果，最后培养幼儿的基本素质、协调能力和跳跃能力等。

（2）形式变换训练法

形式变换训练法是在训练中变换跳绳训练的形式，可提高训练的灵活性，提高幼儿训练的积极性和趣味性，提高幼儿训练的适应性。练习的形式也是训练是否有效的影响之一，单调的训练形式，很快就会让幼儿失去训练的积极性，开始嬉戏打闹，打乱跳绳训练的秩序，影响幼儿跳绳训练。

幼儿跳绳训练多以游戏的方式进行开展，可以偶尔改变训练方式，以竞赛和教学模式来开展，举行小比赛，开展"我是小教师"等幼儿互动训练，不仅可以改善训练气氛，还可以提高幼儿跳绳技术。改变训练的地点，如从室内到室外或者从小场地到大操场，幼儿对于环境的感知比较敏感，训练地点的改变可以提高幼儿训练的乐趣，从而提高训练效率。

（3）方法变换训练法

方法变换训练法就是在幼儿跳绳训练中变换跳绳训练的方法，可提高训练的效率。训练方法是训练中的各种办法和手段的总和，好的训练方法可以带来好的训练氛围，不同的训练方法带来不同的训练效果。本节主要讲述幼儿跳绳教学与训练方法，在此不再对方法变换训练法展开叙述。

四、间歇训练法

1.定义

间歇训练法是一种训练策略，在该策略中，对训练的休息时间进行严格规定，以便训练者能够反复进行训练。这种方法特别适合幼儿的跳绳训练，因其与幼儿的生理发展特征相契合。考虑到幼儿正处于生长发育阶段，训练可能会对他们的骨骼发育产生影响，因此，适当的休息间歇对于幼儿的体能恢复和训练效果具有积极的促进作用。

2.应用

在进行高强度的跳绳训练时，应运用间歇训练法来控制幼儿的休息时间。在规定的休息时间内，给予幼儿进行肌肉和韧带拉伸的机会，鼓励他们多做一些伸展动作，这不仅能够有效缓解在跳绳训练中产生的疲劳感，还能够促进幼儿的肌肉和韧带的伸展，进而有利于他们的生长发育。

五、示范训练法

1.定义

示范训练法是在幼儿跳绳训练过程中，由教师或教练对跳绳动作进行示范，以指导幼儿进行跟练，从而帮助他们掌握动作技巧并提高跳绳能力。这种方法对幼儿阶段的跳绳训练尤为重要，因为幼儿的学习与模仿能力较强。在训练时，由教师进行示范，幼儿跟随练习，可以使幼儿更清楚地理解动作技巧、练习步骤及方式。

2.应用

（1）目的与要求。在示范训练中，教师需明确跳绳训练的目的，掌握相关的动作技术与要领。在进行动作示范时，需配合语言讲解，向幼儿说明动作练习的具体要求。在一次跳绳训练的初期，首先对跳绳动作进行细致地讲解和示范，随后再进行展示，让幼儿跟随练习。例如，在简单的侧打动作中，教师将动作要领讲解清楚，并进行镜面示范，使幼儿能够观察教师的动作，进而进行有效的模仿训练。

（2）示范训练的位置与方向。在进行示范训练时，选择合理的位置和方向尤为重要。在跳绳训练中，教师应确保示范位置恰当，以便所有幼儿能够清晰地观察到技术动作的全过程。同时，在示范时应注意从不同方向展示，因为技术动作在各个方向上呈现的效果各异。例如，在进行简单的缠绕动作练习时，教师应向幼儿展示各个方向的技术动作，以帮助幼儿对训练内容形成全面的认知，从而更快地进行模仿练习。

（3）示范训练的时机与节奏。示范训练的时机和节奏选择对幼儿的跳绳训练同样至关重要。依据幼儿对训练动作的掌握程度，及时进行示范，有助于提升幼儿跳绳技术的训练效果。在示范训练中，动作示范的节奏对幼儿学习和掌握跳绳技术动作也有显著影响。例如，在幼儿控绳阶段的练习中，教师应强调摇绳的节奏控制，以及手腕加速摇绳和过绳的时机，进行慢动作示范，并与幼儿共同练习，以帮助他们形成动作记忆。

六、游戏训练法

1. 游戏训练法的定义

游戏训练法是指在训练过程中通过游戏的形式进行训练，要求相对较低，气氛活跃，从而提升幼儿参与跳绳训练的积极性。

2. 游戏训练法的实施

在跳绳活动中，可以设计多种小游戏，既能提高幼儿的训练热情，又能帮助幼儿练习跳绳技巧。

（1）时空穿梭

游戏说明：参与者基本准备姿势为站立，其中一人原地摇绳，被套者则保持一定距离成直线依次跳过，摇绳者可变换花样，如间隔套人、交叉套人、连续套人等，并可从不同角度进行套人。

游戏特点：此游戏可增强持绳幼儿的控绳能力和绳感，同时提升被套者的灵敏协调能力，帮助他们掌握进绳的时机。

（2）时空旅行

游戏说明：参与者基本准备姿势为站立，被套者在原地保持不动，持绳者按顺序依次进行套人，先套一个人，然后逐步增加至两人、三人，依次提高难度。

游戏特点：此游戏考验的是持绳者的位置移动后的控绳能力，以及被套者的过绳能力，可以锻炼幼儿的团队配合能力。

（3）"闯关"

游戏说明：六个幼儿，分成两路，两人一绳相对而站，三组摇绳者按照同一方向摇绳，其余幼儿则为闯关者，依次跳过绳子，为闯关成功。

游戏特点：摇绳者要根据第一组摇绳者的节奏和频率，使绳子的频率保持一致。可以锻炼闯关者的进绳时机，锻炼摇绳者的摇绳节奏。

第十一章

幼儿跳绳教学与训练的方案设计

第一节　先让幼儿跳起来

在 3～6 岁阶段，幼儿的身体器官和生理功能尚未完全发育成熟，具备高度的可塑性。如果科学合理地开展跳绳教学活动，不仅能促进幼儿自身素质的提升，还能为他们进入小学后系统学习跳绳奠定坚实的基础。然而，对于幼儿而言，跳绳具有一定的挑战性。许多跳绳动作的完成需要幼儿运用自身的力量和耐力，这对他们的协调能力和反应速度提出了较高的要求。如果采用单一的教学方式或不科学的训练方法进行重复练习，就可能会导致效果不佳。因此，选择适宜的教学方法在跳绳教学中显得尤为重要。本单元的主要目标是指导幼儿先掌握跳动的基本动作，为后续跳绳技能的学习奠定基础。

模块一　游戏化节奏跳跃练习

一、模块概述

本模块旨在学习节奏跳跃———一种游戏化的步伐练习，旨在提升幼儿的平衡能力和节奏感，从而增强低幼阶段儿童的身体素质。

二、学习目标

1.知识与技能目标

通过本节课程的学习，期望 85% 的幼儿能够完成跳跃动作，掌握节奏跳跃的技巧，并按照一定的节奏进行跳跃；15% 的幼儿理解本课程中节奏跳跃动作的本质，从而在跳跃中感受到跳绳的乐趣。

2.过程与方法目标

在增强幼儿节奏跳跃能力的同时，提升幼儿跳跃的节奏感和力量，进而提高他们的协调性和力量素质。

3.情感态度与价值观目标

在学习过程中，教师可根据幼儿的实际情况设定目标，使幼儿在课堂中体验参与的乐趣和成功的喜悦。此外，培养幼儿相互帮助和团结协作的精神。

三、学习活动

小青蛙跳荷叶、踩绳走。

四、游戏环节

虫子跳：教师为幼儿做示范："孩子们，快跟我一起玩虫子跳游戏吧！"首先站起来，双手摆出虫子的样子，变成"虫子"；接着像虫子一样蹦跳——虫子跳，跳，虫子跳。看谁跳得最棒！

五、练习内容

1.跳绳脚步动作练习

（1）动作1：小青蛙跳荷叶（见图11-1）

动作方法：教师将"荷叶"（用一根跳绳围成环状）排列成一条直线，呈横向或纵向放置，让幼儿尝试跟随节奏进行双脚并拢跳、左右跳和来回跳。

动作要领：在跳跃过程中要跟随节奏，保持身体直立，落地时轻盈而稳定，以培养幼儿的身体控制能力和平衡感。

内容要求：使用更专业的术语，确保内容更加完整。

图 11-1 小青蛙跳荷叶

练习1：原地跳跃练习（见图11-2）

练习方法：双脚并步站立，双手叉腰，垂直向上跳，落地时要屈膝缓冲，并进行连续跳跃，要注意身体的落地平衡。

图 11-2　原地跳跃练习

练习 2：跟节奏原地跳跃练习（图 11-3）

练习方法： 在原地跳跃的基础上，跟随节奏进行原地跳跃，节奏可以是教师喊着拍子，一拍一动或两拍一动；也可以采用拍手的方式，进行跟节奏原地跳跃。

图 11-3　跟节奏原地跳跃练习

练习 3：变换方向跳跃练习（见图 11-4）

练习方法： 掌握前两者练习动作后，让幼儿进行变换方向（前、后、左、右）的跳跃练习，跳跃过程中双手叉腰，尽量用前脚掌发力去进行跳跃，落地时屈膝缓冲。

图 11-4　变换方向跳跃练习

练习 4：完整练习（见图 11-5）

练习方法： 幼儿在"荷叶"前静止站立，等待节奏播放，节奏播放后，跟随节奏进行左右跳跃或是前后左右跳跃练习。教师也可在此基础上连续放多个"荷叶"，让幼儿跟随音乐连续跳跃。

图 11-5　完整练习

（2）**动作 2：踩绳走（见图 11-6）**

动作方法：把绳子摆成一条直线放在平整的地面上，让幼儿尝试双脚踩绳走，可以是双脚向前踩绳走，或是双脚横向交叉踩绳走。

动作要领：在踩绳走的过程中保持身体平衡、身体直立，每一步尽量都踩在绳子上，培养幼儿对身体的控制力和平衡感。

图 11-6　踩绳走

练习 1：无绳模拟练习（见图 11-7）

练习方法：教师可在地上画一条线，先让幼儿模拟双脚踩绳走动，接着让幼儿模拟双脚交叉踩绳走，走动的每一步都要踩在绳子上，要注意保持身体的平衡。

图 11-7　无绳模拟练习

练习 2：有绳踩绳走练习

练习方法：幼儿在起点前静止站立，等待开始。开始后，幼儿跟随绳子的轨迹及教师要求的不同走动方式进行踩绳练习。

2.专项体能练习

练习 1：连续原地跳跃（见图 11-8）

练习方法：双脚并步站立，双手叉腰，进行原地的跳跃练习，练习过程中可采用原地开合跳、原地并脚跳等动作。每组 30 秒，进行 3 ～ 4 组。

图 11-8　连续原地跳跃

练习 2：行进间连续跳跃（见图 11-9）

练习方法：双脚并步站立，双手叉腰，待"开始"口令下达后，进行行进间的跳跃练习。练习过程中可采用前进开合跳、前进并脚跳等动作。每组 30 秒，进行 3 ～ 4 组。

图 11-9　行进间连续跳跃

六、赛一赛

1. 看谁跳得快

（1）比赛方法。采用分组形式进行，全班幼儿分为三个小组，纵队站好，第一名幼儿站在起跑线后，后面的幼儿紧跟排头。当教师下达"开始"的口令后，每组的第一位幼儿开始纵跳"荷叶"，跳跃折返一次后与下一位幼儿击掌，击掌过后下一位幼儿就开始跳跃出发。先完成的小组获胜。

（2）比赛规则。口令下达后才可出发；落地时屈膝缓冲；有节奏感地跳跃。

（3）奖励机制。取得第一名的小组，奖励三朵小红花；第二名的小组，奖励两朵小红花；最后一名，奖励一朵小红花。

2. 看谁跳得准

（1）比赛方法。采用分组形式进行，在教师下达口令后即开始向前跳跃，教师会随机喊"向左跳"或"向右跳"，看谁在教师的口令下跳得准确，不失误。小组内失误次数少的获胜。

（2）比赛规则。口令下达后才可出发；口令下达接着转换方向。

3. 奖励机制

取得第一名的小组，奖励三朵小红花；第二名的小组，奖励两朵小红花；最后一名，奖励一朵小红花。

七、评一评

幼儿自己评一评，本节课可以得到几朵小红花？小红花评比表，如表 11-1 所示。

表 11-1 小红花评比表

奖励数量	完成要求
三朵小红花	1. 能跟随教师的节奏进行前、后、左、右方向的跳跃，身体直立，落地轻盈稳定；能够几乎无失误地完成平衡走，具有较好的平衡能力。 2. 课上参与度高，积极参与并较好地完成各种活动，具有团体意识和合作精神
两朵小红花	1. 能较好地跟随教师的节奏进行各个方向的跳跃，在跳跃过程中允许身体晃动以及落地可稍重；踩线走时，允许身体发生失误，但要及时进行调整。 2. 课上参与度较高，积极参与各种活动，对于某些难度较高的活动积极尝试，具有团体意识和合作精神
一朵小红花	1. 不能准确跟随教师的节奏进行各个方向的跳跃，在跳跃过程中身体晃动较严重以及落地重，但积极努力尝试、参与；踩线走时，平衡能力较差。 2. 课上参与度一般，进行难度较高的活动失败后不再继续尝试

八、课外锻炼（家庭作业）

1. 跳字母

家长可在地面上画出 E、F、H、L、M、N、W、X、Z 等字母，规定跳跃的轨迹或让幼儿自由跳跃。

2. 跳房子

家长可在地面画出一个个连接的方格图案（"房子"），每一行可一个、两个或多个方格，也可规定在某个方格内必须单脚跳跃，让孩子在游戏中锻炼跳跃能力和平衡能力。

九、安全小助手

跳绳之前进行合适的准备活动，活动踝腕关节以及肩部，不仅防止运动损伤，还可以更好地学习跳跃动作。

练习时，注意场地的空间以及场地的环境，尽量避免灰尘多、凹凸不平的水泥地，选择平坦、室内体育馆或者有弹性的场地。此外，保证跳跃时有合适的空间。

练习过程中，身着运动装和运动鞋，保证练习时的舒适感以及防止对关节的损伤。

动作视频二维码链接

行进间连续跳跃

完整练习

模块二　熟悉绳性练习

一、模块简介

本模块主要学习摇绳练习，以增强幼儿对绳子的认识、了解以及控制力，提升幼儿对跳绳的认知。

二、学习目标

1.知识与技能目标

通过本节课的学习，让85%的幼儿能完成大臂摇绳动作，掌握摇绳的动作要领；让15%的幼儿能了解跳绳摇绳动作的内涵以及小臂或者手腕摇绳的动作，提高幼儿对跳绳的认知。

2.过程与方法目标

在掌握摇绳动作的同时，增强幼儿的节奏感，提升幼儿的协调能力和耐力能力。

3.情感态度与价值观目标

在学习过程中，可以根据幼儿自身的情况设置目标，能在课堂中体验到参与的快乐，享受到成功的快乐。其次，培养幼儿互相帮助、团结协作的精神。

三、学一学

熟悉绳性、初步摇绳。

四、玩一玩

摇绳接力赛。

五、热身游戏

跳绳障碍跑：在跳绳障碍跑中，两人一组持一根绳，两人相对站立，几组幼儿站立成两排。通过跳绳设置腰部及膝盖高度的障碍，幼儿们需要通过迈过或跳过及钻过这些障碍，最终到达终点。完成前几次挑战后，可以设置不同的障碍发挥自己的创意通过障碍，比如斜线。

六、练一练

原地单手练习、原地双手练习、移动式练习。

1. 熟悉绳性练习动作

（1）**动作1**：原地单手练习（见图11-10）

动作方法：学习初期需要准备两条长度相似的短绳，预先在绳子中间的地方连接某个有一定重量的物体，便于绳子在甩的过程中，呈圆圈轨迹运动。大臂贴近身体，小臂外展发力控制绳子，摇绳轨迹为"下—后—上—前"，尽力把绳子摇圆。

动作要领：对于初期可采用大臂发力，但尽量采用大臂贴近身体，小臂外展去进行摇绳，最重要的是先让幼儿把绳子摇起来，摇成力圆。

图 11-10 原地单手练习

练习1：原地无绳摇绳练习——开直升机（见图11-11）

练习方法：教师示范，让幼儿模拟教师胳膊按"下—后—上—前"的摇绳轨迹进行单手无绳摇绳练习，左右手都要练习。

图 11-11　原地无绳摇绳练习

练习 2：原地单手有绳摇绳练习（见图 11-12）

练习方法：掌握好无绳摇绳练习之后，可采用有绳练习。手中拿绳按照无绳的轨迹进行练习，尽量把绳子摇成力圆。

图 11-12　原地单手有绳摇绳练习

（2）**动作 2**：原地双手练习——画太阳挑战（见图 11-13）

动作方法：双手各拿一根绳子，双手同时进行摇绳练习，双手的轨迹、方向、速度要保持一致。

图 11-13　原地双手练习

练习 1：原地双手无绳练习（见图 11-14）

练习方法：双手保持匀速、同轨迹、同方向进行摇绳，主要模拟跳绳摇绳动作。

图 11-14　原地双手无绳练习

练习2：原地双手有绳练习（见图11-15）

练习方法：双手拿绳，同轨迹、同方向、匀速地把绳子摇起来，尽量把绳子摇圆。

图11-15　原地双手有绳练习

（3）**动作3**：移动式练习——闯关大挑战

动作方法：幼儿相互间移动，注意短绳不能打到对方。同时教师引导幼儿学习正确的甩绳姿势，在幼儿的大臂处放一张纸或布，夹住，边甩绳边走动练习。幼儿用双手各抓住绳子一端，开始从后到前绕圈摆动，同时进行跳跃或边走边摇绳。

练习1：单手摇绳走动练习（见图11-16）

练习方法：设置闯关挑战，此练习为一级挑战。单手拿绳，边摇绳边走，让孩子自由探索和摆动绳子并且保持纸或者布不落地，但要防止打到其他幼儿。

图11-16　单手摇绳走动练习

练习2：双手摇绳走动练习（见图11-17）

练习方法：一级挑战成功者，可进行二级挑战。幼儿双手拿绳，双手同时摇绳进行移动练习。

图11-17　双手摇绳走动练习

2.专项体能练习

练习1：体能训练——障碍赛跑（见图11-18）

练习方法：选取一块合适场地，规定一定路线，在此路线中设置简单障碍，如绳子、圈圈等，让孩子们在跑步中绕过或跳过障碍，增加趣味性和挑战性。

图 11-18　体能训练

练习 2：灵敏训练——听信号变向跑（见图 11-19）

练习方法：全班幼儿并脚站立，教师发出指令或声音信号，孩子们根据信号迅速向教师所说的方向转身，原地进行连续跳跃，提示改变方向后再迅速改变跳跃方向。

图 11-19　灵敏训练

七、赛一赛

《追追追》

1. 比赛方法

画个 10～15 米直径的圆圈。在圆外画三条等距的起跑短线。将幼儿分为人数相等的三个组，各组第一名在起跑线后准备。教师发令后，三名幼儿都沿逆时针方向绕圈跑，追赶前面那名跳绳跑的人；在规定的时间内或规定的圈数内（如三圈）追赶上前面的跳绳人，则判得一分；各组依次换人进行，最后积分多的队为胜。

2. 比赛规则

在圈内跑时，要围在圈外跑，不允许踏线和进入圆圈内。违规或人被追到就算输。

3. 奖励机制

取得第一名的小组，奖励三朵小红花；第二名的小组，奖励两朵小红花；最后一名，奖励一朵小红花。

八、评一评

幼儿自己评一评，本节课可以得到几朵小红花？小红花评比表，如表 11-2 所示。

表 11-2　小红花评比表

奖励数量	完成要求
三朵小红花	1. 能很好地完成各种摇绳动作，并且在此基础上，可以有自己的想法，有所创新；能够几乎无失误地完成各种熟悉绳性的小游戏。 2. 课上参与度高，积极参与并较好地完成各种活动，具有团体意识和合作精神
两朵小红花	1. 较好地完成各种摇绳动作，能够几乎无失误地完成各种熟悉绳性的小游戏，失误后积极改正。 2. 课上参与度较高，积极参与各种活动，对于某些难度较高的活动积极尝试，具有团体意识和合作精神
一朵小红花	1. 不能很好地完成课上所学的熟悉绳性的练习，有多次失误，但是在失误后积极改正。 2. 课上参与度一般，进行难度较高的活动失败后不再继续尝试

九、课外锻炼（家庭作业）

《我说你摇》

练习方法：课下在家长或者幼儿的陪伴下进行，由一名幼儿持绳摇绳，另一名同伴要求持绳幼儿要什么样的图案，可以是图案、字母、形状等，另一名队友去猜摇的图案是什么。每人十次，换人继续，看看哪名幼儿摇出来的最像。

十、安全小助手

跳绳之前，进行合适的准备活动，活动踝腕关节以及肩部，不仅能防止运动损伤，还可以更好地学习跳跃动作。

练习时，注意场地的空间以及场地的环境，尽量避免灰尘多、凹凸不平的水泥地，选择平坦、室内体育馆或者有弹性的场地。此外，保证跳跃时有合适的空间。

练习过程中，身着运动装和运动鞋，保证练习时的舒适感以及防止关节损伤。

动作视频二维码链接

双手摇绳
走动练习

体能训练——
障碍赛跑

模块三　跳绳规范及摇绳练习

一、模块简介

本模块主要学习跳绳的基本规范及规范摇绳动作，使幼儿初步学会跳绳应该怎样选择、调节以及学会正确的摇绳动作，从而增强幼儿对绳子的认识、了解及控制力，提升幼儿对跳绳的认知。

二、学习目标

1.知识与技能目标

通过本节课的学习，让85%的幼儿了解跳绳的基本规范并学会摇绳的规范动作，掌握正确摇绳的动作要领；让15%的幼儿较好地掌握摇绳的正确姿势，提高幼儿对跳绳的认知。

2.过程与方法目标

在掌握摇绳动作的同时，增强幼儿的节奏感，提升幼儿的协调能力和耐力。

3.情感态度与价值观目标

在学习过程中，可以根据幼儿自身的情况设置目标，使其能在课堂中体验到参与的快乐，享受到成功的乐趣。其次，培养幼儿互相帮助、团结协作的精神。

三、学一学

跳绳基本规范、正确摇绳动作。

四、玩一玩

指令跳跃：幼儿们成体操队形分散站好，音乐开始后，原地进行跳跃，教师会不定时地说出跳跃方向，比如"前后前后、左右左右、前后左右、左右前后"等，幼儿们跟随教师说的方向进行跳跃。

五、练一练

1. 跳绳基本规范

动作 1：选择绳具（见图 11-20）

选择要求：从跳绳的学习和入门来看，跳绳的选择要因人而异。市面上主要包含珠节绳、PVC 材质绳、棉麻绳及钢丝绳。钢丝绳一般用于高水平比赛，初学者推荐使用珠节绳和 PVC 材质绳，幼儿最好选择软珠节绳。

图 11-20　绳具

动作 2：绳长调节（见图 11-21）

动作要领：找到适合每一位孩子的跳绳长度。初学者采用竹节绳最为合适，调节绳长时可用单脚踩住绳子的中央，双手拉住绳柄，绳子平拉的位置在肚脐以上、胸部以下的部位均可，初学者在胸部的位置较合适，幼儿可以再适度放长5 ～ 10 厘米，随着跳绳水平的提高，可慢慢缩短绳长。

图 11-21　绳长调节

动作 3：跳绳手柄的握法（见图 11-22）

动作要领：选择手柄直径较小的手柄，手柄长度在 10 ～ 15 厘米最好，双手握住跳绳把手，手心向斜前方，幼儿手握绳的位置一般在绳柄的中后端，用食指钩住绳柄下面，拇指按压在手柄上面，其余三指轻轻搭在手柄上，手柄后端贴紧小鱼际部位即可。

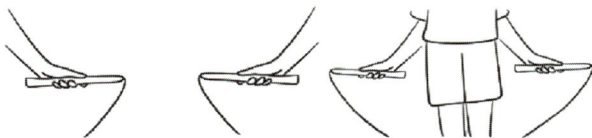

图 11-22 跳绳手柄的握法

动作 4：准备姿势（见图 11-23）

动作要领：双脚并拢，身体挺直，收腹立腰，沉肩拔背，双肩放松，目视前方。双手握住跳绳手柄，手臂自然弯曲，大臂下垂夹紧，肘部紧贴身体两侧，两小臂放至体侧偏前位置。

图 11-23 准备姿势

2. 摇绳练习（见图 11-24）

动作方法：初学者开始时，可以双肩为轴，手柄放在腰部位置，双臂和手腕同时用力，抡绳动作较大。随着技术的提高，可以减小手臂的抡绳幅度，用手腕和小臂主要发力，大臂放松。熟练后，可以仅用两手腕的动作摇绳。

动作要领：大臂靠近身体两侧，肘部稍外展。用手腕发力，使两手在体侧进行画圈动作。

图 11-24 摇绳练习

练习 1：徒手摇绳（见图 11-25）

练习方法：徒手摇绳教学可以让幼儿把注意力集中在小臂和手腕上，体会正确的动作要领和发力感受；还可以让教师及时发现、纠正错误动作。根据教师口令，先慢慢体会摇绳方向及用力部位，逐步提高摇绳速度和加快节奏，直至熟练和自然为止。

图 11-25　徒手摇绳

练习 2：无绳手柄摇动（见图 11-26）

练习方法：运用正确的持绳柄技术握持无绳手柄，采用徒手摇绳练习技术摇动无绳手柄，感受手部与绳柄的结合运动。根据教师口令，先慢慢体会摇动方向及用力部位，逐步提高摇绳速度和加快节奏，直至熟练和自然为止。

图 11-26　无绳手柄摇动

练习 3：单手或双手摇短绳练习（见图 11-27）

练习方法：运用正确的持绳柄技术握持短绳手柄（绳体要有一定重量），采用正确和规范摇绳技术摇动短绳，可以左右手交替进行，也可以双手同时进行，感受手部与短绳的结合运动。根据教师口令，先慢慢体会摇动方向及用力部位，逐步加快节奏和提高摇绳速度，直至动作熟练和自然为止。

图 11-27　单手或双手摇短绳练习

练习 4：双人协作摇绳（见图 11-28）

练习方法：两人肩并肩同向间隔一定距离站立，相邻的手臂各持绳子的一端，按照一定的方向进行摇绳，尽量保持大臂收紧不动，用小臂和手腕摇绳。规定次数，交换位置，两手都要进行摇绳练习。

图 11-28　双人协作摇绳

练习 5：多人协作摇绳（见图 11-29）

练习方法：多人肩并肩同向间隔一定距离站立，相邻的手臂各持绳子的一端，按照一定的方向进行摇绳，尽量保持大臂收紧不动，用小臂和手腕摇绳。规定次数，两端摇绳者交换位置，两手都要进行摇绳练习。练习时注意，手心指向斜前方，双手的方向、角度及速度保持一致。

图 11-29　多人协作摇绳

3. 专项体能练习

（1）力量练习——鸭子走（见图 11-30）

练习方法：所有幼儿蹲下，身体重心降低，双手抱膝进行鸭子走，注意呼吸节奏，旨在锻炼幼儿的四肢力量和核心稳定性。

图 11-30　力量练习

（2）耐力训练——原地高抬腿跑（见图 11-31）

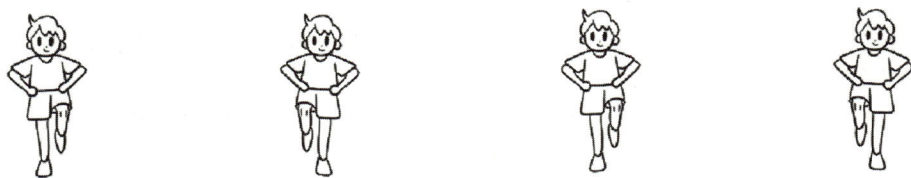

图 11-31　耐力训练

123

练习方法：所有幼儿在原地进行高抬腿跑，教师放着节拍器，一拍一动。幼儿的膝盖可以不用抬到与地面平行，与地面有一定高度即可。

六、赛一赛

《指东看西》

1. 比赛方法

一个班级的幼儿平均分成几个小组，每一队派出一名幼儿去其他小组面前指挥，而摇绳的幼儿持绳手固定，不可换手摇绳。开始后，指挥幼儿的手往下指的时候，每一队的第一名幼儿摇绳手要在头顶上画圈摇绳，指挥幼儿往左指时，要在身体右侧摇绳，反之同理。一旦做错，即淘汰，第二名幼儿继续，看看哪一队坚持的时间最长。

2. 比赛规则

指挥的幼儿必须是其他队伍派来的；摇绳的方向必须和指挥的方向相反。

奖励机制：坚持时间最长的小组奖励三朵小红花，第二名的小组奖励两朵小红花，最后一名奖励一朵小红花。

七、评一评

幼儿自己评一评，本节课可以得到几朵小红花？小红花评比表，如表11-3所示。

表 11-3　小红花评比表

奖励数量	完成要求
三朵小红花	1. 能很好地完成各种摇绳动作，并且在此基础上，可以有自己的想法，有所创新；能够几乎无失误地完成各种熟悉绳性的小游戏。 2. 课上参与度高，积极参与并较好地完成各种活动，具有团体意识和合作精神
两朵小红花	1. 较好地完成各种摇绳动作，能够几乎无失误地完成各种熟悉绳性的小游戏，失误后能积极改正。 2. 课上参与度较高，积极参与各种活动，对于某些难度较高的活动积极尝试，具有团体意识和合作精神
一朵小红花	1. 不能很好地完成课上所学的熟悉绳性的练习，有多次失误，但在失误后能积极改正。 2. 课上参与度一般，进行难度较高的活动失败后不再继续尝试

八、课外锻炼

1.画太阳挑战

练习方法：幼儿可单手持绳，也可双手各持一根绳子，双手同时进行摇绳练习，看看谁摇得最圆、最轻松。

2.夹纸挑战

练习方法：每一名幼儿的大臂与身体之间夹一张纸，开始摇绳，看看谁能在摇绳的同时保持纸张不掉落，坚持的时间最长。

九、安全小助手

跳绳之前进行合适的准备活动，活动踝腕关节以及肩部，不仅能防止运动损伤，还可以更好地学习跳跃动作。

练习时，注意场地的空间以及场地的环境，尽量避免灰尘多、凹凸不平的水泥地，选择平坦、室内体育馆或者有弹性的场地。此外，保证跳跃时有合适的空间。

练习过程中，身着运动装和运动鞋，保证练习时的舒适感以及防止关节损伤。

动作视频二维码链接

多人协作摇绳

力量练习—
鸭子走

模块四 **摇跳结合练习**

一、模块简介

本模块主要学习摇绳和跳跃的结合练习，使幼儿初步学会跳过绳子，以增强幼儿对绳子的认识、了解及控制力，提升幼儿对跳绳的认知。

二、学习目标

1. 知识与技能目标

通过本节课的学习，让 85% 的幼儿能初步、分解地完成过绳动作，掌握摇跳结合的动作要领；让 15% 的幼儿能直接把摇跳结合起来，直接跳过绳子，以提高幼儿对跳绳的认知。

2. 过程与方法目标

在幼儿掌握摇绳动作的同时，增强幼儿的节奏感，提升幼儿的协调能力和耐力。

3. 情感态度与价值观目标

在学习过程中，可以根据幼儿自身的情况设置目标，能在课堂中体验到参与的快乐，享受到成功的快乐。另外，培养幼儿互相帮助、团结协作的精神。

三、学一学

摇跳结合。

四、玩一玩

跳绳圈：教师把绳子摆成一个个的圆形图案，组成一个个的轨道或者图形，让学生按照一定的轨迹并脚跳跃这些图形。

五、练一练

1. 过绳练习

动作 1：甩绳练习（见图 11-32）

动作方法：将绳子放在身后，从身后向前摇绳，将绳子摇到身前脚下，用脚踩住绳而不过绳，随后迈过绳子，重复进行甩绳动作。

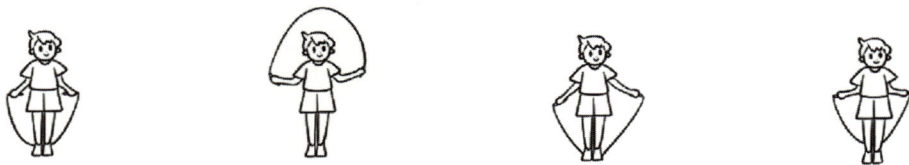

图 11-32　甩绳练习

动作 2：原地单手摇短绳与跳跃的结合（见图 11-33）

动作方法：原地并脚站立，单手摇绳，当绳子接近打地时，快速起跳，尽量前脚掌着地，重复进行，锻炼节奏感。

动作要领：绳子接近打地起跳，节奏与跳跃配合恰当。

图 11-33　原地单手摇短绳与跳跃的结合

动作 3：原地击髋纵跳练习（见图 11-34）

动作方法：直体站立，膝盖微曲，两手自然下垂放于体侧，肩部放松，在蹬地起跳的瞬间，两手快速击打或轻拍两侧髋部一次，连续重复进行，至熟练为止。熟练后可以变换为起跳和腹前击掌的结合，练习节奏感和同步性。

动作要领：双手要同时击打髋部，节奏要同步，击打动作与起跳协调配合，节奏与跳跃配合恰当。注意，大臂尽量稍贴近身体，用手腕轻轻击打髋部即可。

图 11-34　原地击髋纵跳练习

动作 4：原地双手摇短绳与跳跃的结合（见图 11-35）

动作方法：在单手摇绳的基础上，双手各拿一根短绳进行摇跳配合的跳跃，在手柄转动一圈（也就是绳子即将打地）时，进行跳跃，锻炼节奏感。

动作要领：双手的绳子要同时摇，节奏要同步，即将打地起跳，节奏与跳跃配合恰当。注意，大臂尽量稍贴近身体，用小臂和手腕甩绳。

图 11-35　原地双手摇短绳与跳跃的结合

动作 5：摇跳结合分解练习（见图 11-36）

动作方法：将绳子放在身后，从身后向前摇绳，将绳子摇到身前脚下之后，再跳过去，重复进行。先慢后快，循序渐进，不断强化练习。争取做到快速、有节奏、协调地跳绳。

动作要领：有节奏感，绳子落到脚下要尽快跳过绳子，动作衔接顺畅。

图 11-36　摇跳结合分解练习

动作 6：完整练习（见图 11-37）

动作方法：将绳子放在身后，开始摇绳，绳子摇到身前脚下后，紧接着跳过，重复进行，不得间断。

图 11-37　完整练习

2.专项体能练习：协调训练——四方格跳跃练习

练习方法：教师在场地画多个四方格，幼儿可分组练习，也可同时进行练习。四方格分为四个象限，教师标上数字，幼儿按照数字顺序进行循环跳跃。

六、赛一赛

1.跳太阳

比赛方法：把幼儿平均分为几组，每组每次派出一名幼儿进行挑战，每人有十次跳绳的机会，看看哪一组完整跳过绳子的次数最多，哪组跳得多就算哪一组赢。

比赛规则："开始"口令下达后，方可开始；每人只有十次机会；要完整地跳过绳子，不可分离跳跃。

2. 谁是小能手

比赛方法：幼儿同时进行，看看谁一次性可以连续不间断地进行跳绳，数量多者为胜，以此寻找跳绳小能手。

奖励机制：取得第一名的小组奖励三朵小红花，第二名的小组奖励 2 朵小红花，最后一名奖励一朵小红花。

七、评一评

幼儿自己评一评，本节课可以得到几朵小红花？小红花评比表，如表 11-4 所示。

表 11-4 小红花评比表

奖励数量	完成要求
三朵小红花	1.能很好地完成各种摇跳配合动作，并且在此基础上，可以有自己的想法，有所创新；能够几乎无失误地完成各种熟悉绳性的小游戏。 2.课上参与度高，积极参与并较好地完成各种活动，具有团体意识和合作精神
两朵小红花	1.较好地完成各种摇跳配合动作，能够几乎无失误地完成各种熟悉绳性的小游戏，失误后能积极改正。 2.课上参与度较高，积极参与各种活动，对于某些难度较高的活动能积极尝试，具有团体意识和合作精神
一朵小红花	1.不能很好地完成课上所学的熟悉绳性的练习，有多次失误，但在失误后能积极改正。 2.课上参与度一般，进行难度较高的活动失败后不再继续尝试

八、课外锻炼

《收庄稼》

练习方法：两人 A、B 相对站立，A 并步站立，B 持绳柄蹲下，以 B 手柄为圆心，持绳画圆经过 A 的脚下，经过 A 脚下的时候跳过绳子，循环往复。

九、安全小助手

跳绳之前进行合适的准备活动。活动踝腕关节及肩部，不仅能防止运动损伤，还可以更好地学习跳跃动作。

练习时，注意场地的空间以及场地的环境，尽量避免灰尘多、凹凸不平的水泥地，选择平坦、室内体育馆或者有弹性的场地。此外，保证跳跃时有合适的空间。

练习过程中，身着运动装和运动鞋，保证练习时的舒适感以及防止关节损伤。

动作视频二维码链接

摇跳结合
分解练习

摇跳结合
完整练习

第二节 幼儿初级跳绳

在幼儿学会、掌握跳跃的基本技术并能够跳起来后，我们可以进行跳绳的初级动作教学。本单元主要让幼儿学习跳绳的初级动作，在跳起来的基础上，学习难度稍大的跳绳动作。

模块一 初级甩绳动作

一、模块简介

本模块主要学习跳绳的初级甩绳动作。初级甩绳动作在新手跳绳中具有较重要的作用。首先，可以将其作为起甩动作。与绳子放在身后直接跳绳相比，左右侧甩可以提前让绳子拥有惯性，在进入跳绳之后，绳形更加饱满流畅。其次，可以将其作为衔接动作，更好地与其他动作进行衔接。最后，也是新手入门花式跳绳时必学的第一个动作，动作相对简单，可帮助新手在练习当中更好地掌握绳子在空中的惯性，清楚明白地感受绳子在空中的状态，从而提高新手的绳感。

二、学习目标

1.知识与技能目标

通过本节课的学习，让 85% 的幼儿初步完成甩绳动作，掌握甩绳动作的动作要领；让 15% 的幼儿理解甩绳动作的内涵，提高幼儿对跳绳的认知。

2.过程与方法目标

在掌握甩绳动作的同时，增强幼儿的节奏感，提升幼儿的协调能力和灵活性。

3.情感态度与价值观目标

在学习过程中，可以根据幼儿自身的情况设置目标，使其能在课堂中体验到参与的快乐，享受到成功的乐趣。其次，培养幼儿互相帮助、团结协作的精神。

三、学一学

单手左右甩绳打地动作、双手左右甩绳打地动作。

四、玩一玩

《手摇风车》

教师给幼儿看风车是怎么转的，让幼儿用手臂模仿风车是怎么样旋转的，以及活动幼儿的肩膀、手臂以及手腕的灵活性。

五、练一练

1.甩绳动作

（1）**动作 1**：单手左右甩绳打地动作（见图 11-38）

动作方法：单手握持两个绳柄，在身体两侧做"8"字形甩绳，根据一定的节奏进行左右甩绳练习。

动作要领：绳子在侧甩的过程中，要保持前后摇，而不是左右摇，手腕要灵活转动，绳子不要打脚。

图 11-38　单手左右甩绳打地动作

练习1：单手单侧甩绳练习（见图11-39）

练习方法：单手拿绳，按"下—后—上—前—下"的方向进行摇绳，与单手直摇动作相似，左右手都要练习。

图11-39　单手单侧甩绳练习

练习2：单手侧甩衔接练习（见图11-40）

练习方法：单手拿绳（以右手为例），绳子在右手侧甩一圈至头顶上方时，右手由体侧经体前向身体左侧带绳打地，在身体左侧甩绳一圈。

图11-40　单手侧甩衔接练习

练习3：完整练习（见图11-41）

练习方法：单手拿绳，在身体一侧完成一次侧甩后，单手带绳在身体另一侧侧甩，完成一次侧甩后手将绳拉回，重复进行。

图11-41　完整练习

（2）动作2：双手左右甩绳打地动作（见图11-42）

图11-42　双手左右甩绳打地动作

动作方法：主导手始终放在副手上面，如用右手为主导手，则右手在上，反之同理；手腕画"8"字带动绳子，肩膀和大臂放松，身体随着手腕的转动而转动；注意不要夹紧大臂，感受绳子的惯性和拉扯感，尽量把绳子甩直。

动作要领：侧甩方向为前后摇，手腕放松带动绳子，身体随之转动。

练习 1：左右甩绳分解练习（见图 11-43）

练习方法：左手持绳，左手在外，右手在里，尽量保持平衡，外侧手发力带动绳子转一圈，外侧手发力，带动身体在身体右侧转一圈，再将绳子移至身体左侧，重复进行。

图 11-43 左右甩绳分解练习

练习 2：尝试两侧连接绳（见图 11-44）

练习方法：当绳子垂直于地面快下落时，左手将绳子移至身体右侧，左手发力，在身体右侧侧甩一圈。同理，到最高点快下落时，左手将绳子移至身体左侧，反复练习。

图 11-44 尝试两侧连接绳

练习 3：完整练习（见图 11-45）

练习方法：同练习 2，主要练习节奏及衔接程度。

图 11-45 完整练习

2.专项体能练习——双腿跪撑练习（见图 11-46）

练习方法：在垫子上成双腿跪撑，收紧核心。两只手支撑在垫子上，躯干伸直，头、肩、臀部保持在同一平面，眼睛看向地面，保持身体平衡，均匀呼吸坚持 30 秒。可根据幼儿的情况，进行屈臂推起练习调整。

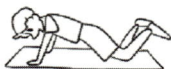

图 11-46　双腿跪撑练习

六、赛一赛

《剪刀石头布》

1. 比赛方法

全班幼儿平均分成偶数个小组，两组面对站立。在两队中间放一个标志桶和一条绳子。开始后，每队第一名幼儿出发，到达终点后两名幼儿赛"剪刀石头布"，赢的幼儿在中间做三次左右侧甩，立刻跑回换下一名幼儿继续，"剪刀石头布"输的立刻跑回换下一名幼儿，哪一队所有人都完成侧甩动作的即成功。

2. 比赛规则

"剪刀石头布"输的必须换下一个人；左右侧甩动作必须完成三次。

3. 奖励机制

取得第一名的小组奖励三朵小红花，第二名的小组奖励两朵小红花，最后一名奖励一朵小红花。

七、评一评

幼儿自己评一评，本节课可以得到几朵小红花？小红书评比表，如表 11-5 所示。

表 11-5　小红花评比表

奖励数量	完成要求
三朵小红花	1. 能很好地完成各种甩绳动作，并在此基础上，可以有自己的想法，有所创新；能够几乎无失误地完成各种熟悉绳性的小游戏。 2. 课上参与度高，能积极参与并较好地完成各种活动，具有团体意识和合作精神
两朵小红花	1. 较好地完成各种甩绳动作，能够几乎无失误地完成各种熟悉绳性的小游戏，失误后能积极改正。 2. 课上参与度较高，积极参与各种活动，对于某些难度较高的活动能积极尝试，具有团体意识和合作精神
一朵小红花	1. 不能很好地完成课上所学的熟悉绳性的练习，有多次失误，但是在失误后能积极改正。 2. 课上参与度一般，进行难度较高的活动失败后不再继续尝试

八、课外作业

《创意挑战》

练习方法：每名幼儿完成 60 次左右侧甩动作；此外，大家分组进行讨论创新，讨论侧甩动作之后可以接什么动作。

九、安全小助手

跳绳之前进行合适的准备活动。活动踝腕关节及肩部，不仅能防止运动损伤，还可以更好地学习跳跃动作。

练习时，注意场地的空间以及场地的环境，尽量避免灰尘多、凹凸不平的水泥地，选择平坦、室内体育馆或者有弹性的场地。此外，保证跳跃时有合适的空间。

练习中，身着运动装和运动鞋，保证练习时的舒适感及防止关节损伤。

动作视频二维码链接

双手左右甩绳
打地动作

模块二　并脚跳、开合跳

一、模块简介

本单元主要学习个人绳动作中两个比较基础的动作——并脚跳和开合跳，学会并经常进行基本技能的练习。并脚跳和开合跳都有助于提高心肺功能、增强肌肉力量、改善协调性和平衡能力等。适当地跳绳锻炼可以帮助幼儿保持身体健康，增强体质。

二、学习目标

1.知识与技能目标

知道个人绳中的并脚跳和开合跳这两个基本动作名称，能通过练习掌握基本动作和方法，可根据音乐完成 2×8 拍的动作。

135

2. 过程与方法目标

通过积极练习与比赛，增强身体力量和柔韧性。

3. 情感态度与价值观目标

幼儿在练习中能够体验运动乐趣，在比赛中自觉遵守规则，敢于展示自我，提高个人的自信心。

三、学一学

并脚跳、开合跳。

四、玩一玩

小小探险家。

1. 游戏目的

通过简单的运动和团队协作，锻炼幼儿的身体协调能力和团队合作精神。

2. 游戏准备

（1）若干色彩鲜艳的塑料玩具（如塑料球、塑料棒等）。

（2）软垫一块。

（3）场地布置：设置起点线、障碍区、休息区。

3. 游戏方法

（1）发令后，幼儿开始跑动，手持玩具穿越起点线进入障碍区。

（2）幼儿们绕过障碍物，返回起点线时需保持塑料玩具不掉落。

（3）一轮结束后，休息区的队伍可等待下一轮挑战。

（4）游戏过程中，教师需关注幼儿的安全，确保游戏顺利进行。

4. 游戏规则

（1）将幼儿分成两队，每队队员站在起点线后。

（2）发令后，幼儿手持塑料玩具开始跑向障碍区，绕过障碍物返回起点线。

（3）完成一轮后，幼儿可进入休息区休息，等待下一轮挑战。

（4）游戏中，幼儿需避免碰撞软垫，以免受伤。

（5）游戏中表现优秀的队伍可获得奖励。

五、练一练

（1）**动作 1：并脚跳**（见图 11-47）

动作方法：准备动作开始，绳子置于双脚后方，大臂带动手腕发力向前摇绳，两脚掌蹬地发力，跳起一定高度，提膝、收腹、稍含胸，大臂下垂，尽量贴近身体，双手以手腕发力为主，迅速向前摇绳绕身体一周，绳子即将打地时，提腰蹬地起跳过绳，过绳后前脚着地，经过缓冲依次屈踝、屈膝，绳子绕身体转一周。

动作要领： 大臂放松靠近身体，小臂带动手腕发力，由后向前摇绳，落地时前脚掌着地，膝盖微曲缓冲，绳子打地时就向上跳一次。

图 11-47 并脚跳

练习 1：摇绳练习（见图 11-48）

幼儿将跳绳对折，手拿绳柄，两手各拿一绳做摇绳练习，以手腕带动绳子发力，尽量保持小臂发力，做连续摇绳练习。

图 11-48 摇绳练习

练习 2：徒手练习（见图 11-49）

幼儿双脚并拢做无绳跳并脚跳的动作，加上双臂做无绳甩臂练习，体会完整的动作变化和膝盖缓冲的动作要领。

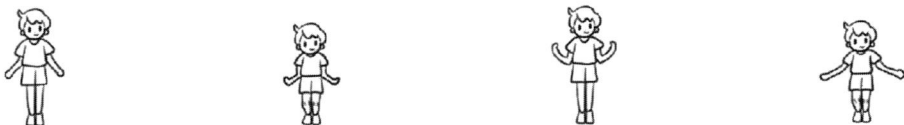

图 11-49 徒手练习

练习 3：完整练习（见图 11-50）

双手握绳，将绳子拉至腰部，双臂自然摇动绳子，保持节奏。双脚有节奏地跳动，尽量让双脚同时着地。练习时可以逐渐加快摇绳的速度，以增加难度和挑战性。注意保持呼吸均匀，不要憋气，以免影响跳绳效果。

图 11-50　完整练习

练习 4：跟节拍器练习（见图 11-51）

双手握绳，将绳拉至腰部，双臂自然摇动绳子，保持节奏。根据节拍器节奏，双脚有节奏地跳动，尽量让双脚同时着地。熟练后可以逐渐加快节拍器的速度，以增加难度和挑战性。注意保持呼吸均匀，不要憋气，以免影响跳绳效果。

图 11-51　跟节拍器练习

（2）动作 2：开合跳（见图 11-52）

动作方法：第一拍两手持绳向前摇绳，当绳摇至体前即将打地时，两脚并拢向上跳跃，等绳过脚后，两脚分开屈膝缓冲落地，上体保持正直。第二拍当绳再次摇到体前即将打地时，提腰蹬地，两脚并拢跳过绳子后，并脚缓冲落地，即完成一组开合跳动作。

动作要领：开合跳时，两脚打开与肩同宽，落地时屈膝半蹲，有节奏地一拍一合，上下肢协调用力。手臂保持基本摇绳的姿势，控制手臂摇绳的节奏。

图 11-52　开合跳

练习 1：摇绳练习（见图 11-53）

单手持绳在身体一侧模仿摇绳的动作，同时脚下做开合的动作，上下肢配合。

图 11-54　徒手练习

练习 2：徒手练习（见图 11-54）

将绳子三折后置于体前地上。进行徒手练习时，脚下做开合跳的动作，手部模仿摇绳练习，一拍一动，以熟练脚下步伐和手脚配合。

图 11-53　摇绳练习

练习 3：完整动作练习（见图 11-55）

双手持绳做完整动作练习，先慢速练习再快速练习，一拍一动，循环多次练习，前脚掌着地，掌握过绳的时机和节奏，体会动作的节奏变化。

图 11-55　完整动作练习

（3）组合技能：并脚跳＋开合跳

练习方法：做 4×8 拍的徒手练习，前 2×8 拍并脚跳，后 2×8 拍开合跳，然后持绳练习。4 个八拍多次循环练习。

练习要求：手腕灵活、发力正确，并脚跳与开合跳的动作衔接要连贯，并有节奏感。

（4）专项体能练习

①并脚跳

直立姿势，将绳置于体前地上。双手叉腰，双脚同时起跳，尽量靠近绳子，但不能踩到绳。开始速度稍慢，每组 15 次，逐渐增加跳跃次数，逐渐加快速度，完成 4～5 组即可。也可以尝试在墙壁前进行此练习，以增加难度。

②开合跳

双手叉腰，双脚同时起跳，尽量靠近绳，但不能踩到绳。开始速度稍慢，每组 10 次，逐渐增加跳跃次数，逐渐加快速度，完成 4～5 组即可。也可以尝试在墙壁前进行此练习，以增加跳跃的稳定性。

六、赛一赛：看谁连续跳得多

1.比赛规则

（1）幼儿需在规定时间内尽可能多地完成跳绳并脚跳和开合跳。

（2）比赛开始前，幼儿需站在指定起点，等教师发出开始信号后开始比赛。

（3）比赛时间为 3 分钟，其间参赛者不能停顿，一旦失误则需重新开始。

（4）比赛以完成次数作为评分标准，次数越多则得分越高。

2.比赛方法

（1）统一口令之后再起跳。

（2）动作幅度到位。

3.小奖励

第一名奖励 3 颗糖，第二名奖励 2 颗糖，第三名奖励 1 颗糖。

七、评一评（见表 11-6）

表 11-6　星星评比表

星级	评价标准
一颗星	1. 通过练习知道本节课所学内容，能够在教师的帮助下做出 1×8 拍动作。 2. 能够按要求参加比赛，主动性和规则意识都有待提高
二颗星	1. 能够说出动作名称和动作要领，在教师的提示下完成 2×8 拍动作。 2. 主动参与课堂上的活动和比赛，有挑战意识
三颗星	1. 能够说出所学动作的名称和动作要领，能够独立完成 4×8 拍动作。 2. 积极主动地参与游戏和比赛，遵守规则，勇敢展示自我，与同伴友好相处

八、课外锻炼（家庭作业）：跳房子

在地上用粉笔画出不同形状的"房子"（格子），幼儿用并脚跳和开合跳的方式依次跳过各个"房子"。

九、安全小助手

跳绳之前做好准备活动，跳绳结束之后做好放松活动，注意肩关节和膝关节的放松。

跳绳过程中不要佩戴头饰和其他尖锐物品，不要戴眼镜。选择适宜的运动服装和鞋子。

动作视频二维码链接

并脚跳
完整练习

开合跳
完整练习

模块三　双脚轮换跳、滑雪跳

一、模块简介

本单元主要学习跳绳中两个比较基础的动作——双脚左右轮换跳和滑雪跳动作，学习这两个动作不仅可以提高幼儿的心肺功能和体能，还可以增强幼儿的协调性、平衡感和灵活性。这些好处不仅可以帮助幼儿保持健康，还可以提高幼儿的学习和生活质量。

二、学习目标

1.知识与技能目标

能够准确说出双脚轮换跳和滑雪跳动作的名称，能够通过练习熟练掌握 2×8 拍动作。

2.过程与方法目标

积极参与课堂练习，提高身体的协调性、灵活性和控制能力，基本掌握各种练习方法与技巧。

3.情感态度与价值观目标

积极遵守课堂纪律，在比赛过程中积极遵守规则，体验运动乐趣，勇于展示自我。

三、学一学

双脚轮换跳、滑雪跳。

四、玩一玩

空绳跳。

1.游戏目的

锻炼标准的跳绳动作，练习双脚轮换跳或滑雪跳的基本方法。

2.游戏准备

适合的场地和音响。

3.游戏方法

（1）教师教授幼儿正确的跳绳动作。

（2）比谁跳得又快又标准。

（3）分成若干个小组，组内每个成员都按照要求同时完成一定数量的徒手跳绳动作，教师进行评价。

4.游戏规则

跳绳时必须与正常跳绳一样，但不使用跳绳，不能抢跳，手脚必须同步，否则视为违例，要进行加时处罚。

五、练一练

1.动作：双脚轮换跳（见图11-56）

动作方法：两手握住绳柄前端，将绳置于身后，由后向前摇绳，左右脚依次抬起、落地，连续双脚交换，一摇一跳。

动作要领：手臂保持基本摇绳的姿势，控制手臂摇绳的节奏，手腕灵活、放松摇绳，一摇一跳，两脚交替进行。抬脚时脚尖下压，且脚尖与地面的距离不得超过 10 厘米，用前脚掌着地。

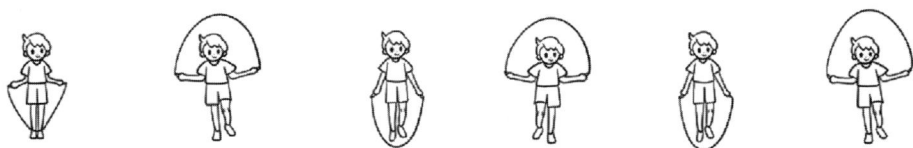

图 11-56　双脚轮换跳

练习 1：徒手练习（见图 11-57）

上肢做无绳摇绳练习，下肢做双脚交替动作，做到前脚掌着地。

图 11-57　徒手练习

练习 2：单手摇短绳练习（见图 11-58）

单手持短绳在身体一侧模仿摇绳的动作，手腕向前摇绳，同时两脚做交替轮换练习，做到前脚掌着地。

图 11-58　单手摇短绳练习

练习 3：双手摇短绳练习（见图 11-59）

双手持短绳在身体一侧模仿摇绳的动作，手腕向前摇绳，同时两脚做交替轮换练习，做到前脚掌着地。

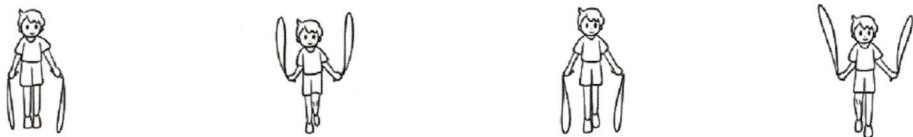

图 11-59　双手摇短绳练习

练习 4：两人协同摇绳练习（见图 11-60）

两人并肩站立，相邻两手持绳进行摇绳的动作，手腕向前摇绳，同时两脚做交替轮换练习，做到前脚掌着地。

图 11-60　两人协同摇绳练习

练习 5：完整动作练习（见图 11-61）

双手持绳做完整动作练习，先慢速两拍一动，跳一个动作停下来再接下一个动作。熟练之后逐渐加快速度一拍一动，循环多次练习，保持动作节奏，做到前脚掌着地。

图 11-61　完整动作练习

2.动作：滑雪跳（见图 11-62）

动作方法：两手握住绳柄前端，将绳置于身后，由后向前摇绳，绳子过脚时，双脚并脚跳过绳子向左跳落地，绳子再次过脚时，双脚过绳后向右跳落地，横向交替依次进行。

动作要领：动作停顿明显，左右依次交替进行，动作幅度为肩宽大小。手臂保持基本摇绳的姿势，控制步伐节奏。时间间隔不宜过长，间距保持与肩同宽，左右跳时一直保持并脚，左右跳时，两手腕注意放松，自然柔和地摇绳，手与脚的节奏是"一摇，一左一右"。踝关节和膝关节注意放松，控制好节奏与时机，前脚掌着地时有弹性。

图 11-62　滑雪跳

练习 1：脚步练习（见图 11-63）

将绳子放到中间，左右横向移动跳过绳，练习脚步。

图 11-63　脚步练习

练习 2：徒手练习（见图 11-64）

进行徒手练习时，脚下做左右跳的动作，一拍一动，熟练脚下步伐。

图 11-64　徒手练习

练习 3：完整动作练习（见图 11-65）

双手持绳做完整动作练习，先做慢速练习两拍一动，左右并脚横向跳跃，循环多次练习，掌握过绳的时机和节奏，体会动作的节奏变化，再做快速练习一拍一动。

图 11-65　完整动作练习

3. 组合技能：双脚轮换跳＋滑雪跳

练习方法：做 4×8 拍的徒手练习，前 2×8 拍左右轮换跳，后 2×8 拍滑雪跳，然后持绳练习。4 个八拍多次循环练习。

练习要求：手腕灵活、发力正确，左右轮换跳与滑雪跳的动作衔接要连贯，并有节奏感。

4. 专项体能练习

练习 1：跪姿俯卧撑（见图 11-66）

练习方法：跪在瑜伽垫子上，双腿交叉，手臂伸直，手掌摆放在肩部正下方，比肩稍宽；挺胸收腹，腰背保持平直，肩、腰、大腿在同一直线上，核心收紧；手肘弯曲，让身体下降至胸部接近地板的位置，在最低点稍停，再推回起始姿势。计时 30 秒。

图 11-66　跪姿俯卧撑

练习要求：注意核心收紧，肘关节发力，动作到位。

练习 2：跳绳梯（见图 11-67）

练习方法：运用并脚跳、开合跳、并脚跳、双脚交换跳等跳法，根据不同的步伐完成 5～8 组跳绳梯的练习。

练习要求：动作轻盈，有节奏感、安全有序，上下肢协调配合。

图 11-67　跳绳梯

六、赛一赛：看谁跳得多

1. 比赛规则

（1）幼儿分为两队，每队人数相同。

（2）每名幼儿在比赛开始前，先选择是跳绳双脚轮换跳还是滑雪跳。每队幼儿的选择必须一致。

（3）比赛开始，幼儿需按照自己的选择进行跳跃。

（4）每个队伍需依次进行，不得干扰其他队伍的比赛。

（5）在规定时间内，哪个队伍完成指定跳跃动作且数量最多获胜。

2. 比赛方法

（1）统一口令之后再起跳。

（2）动作幅度到位。

3. 小奖励

比赛成功的队伍每人奖励一颗糖。

七、评一评（见表 11-7）

表 11-7　星星评比表

星级	评价标准
一颗星	1. 幼儿通过练习知道本节课所学内容，能够在教师的帮助下做出 1×8 拍动作。 2. 幼儿能够按要求参加比赛，主动性和规则意识都有待提高，在教师的帮助下能够克服练习过程中遇到的困难
二颗星	1. 幼儿能够说出所学动作的名称和动作要领，能够在教师的提示下完成 2×8 拍动作。 2. 幼儿主动参与课堂上的活动和比赛，有挑战意识和合作意识
三颗星	1. 幼儿能够说出所学动作的名称和动作要领，能够独立完成 4×8 拍动作。 2. 幼儿积极主动地参与游戏和比赛，遵守规则，勇敢展示自我，与同伴友好相处，自觉克服练习过程中遇到的困难

八、课外锻炼（家庭作业）

幼儿在家练习左右轮换跳和滑雪跳，4×8 个八拍连续练习。

九、安全小助手

跳绳之前：做好准备活动，跳绳结束之后做好放松活动，注意肩关节和膝关节的放松。

跳绳过程中：不要佩戴头饰和其他尖锐物品，不要戴眼镜。选择适宜的运动服装和鞋子。

练习时注意，保持前后两米的安全距离。

动作视频二维码链接

双脚轮换跳
完整练习

滑雪跳
完整练习

模块四 交叉跳、间隔交叉跳

一、模块简介

本单元主要学习跳绳动作中稍有难度的动作——交叉跳、间隔交叉跳。交叉跳和间隔交叉跳是一种健康、有益的运动方式，既能锻炼身体，又能提高心肺功能、协调能力、肌肉力量和自信心。

二、学习目标

1.知识与技能目标

让 90% 的幼儿知道个人绳中交叉跳和间隔交叉跳这两个基本动作名称，能通过练习掌握基本动作和方法，可根据音乐完成 2×8 拍的动作。

2.过程与方法目标

通过积极练习与比赛，增强腿部力量和柔韧性。

3.情感态度与价值观目标

在练习中能够体验运动乐趣，增强团队意识，在比赛中自觉遵守规则，敢于展示自我，提高个人的自信心。

三、学一学

交叉跳、间隔交叉跳。

四、玩一玩：持绳追赶

1. 游戏目的

（1）发展奔跑能力，培养顽强精神和遵守规则的优良品质。

（2）提高跳绳跑弯道的技术。

2. 游戏准备

在地上画个 10～15 米直径的圆圈。在圆外画三条等距的起跑短线。将幼儿分为人数相等的三个组，各组第一名持绳在起跑线后准备。

3. 游戏方法

教师发令后，三名幼儿都沿逆时针方向绕圈跳绳跑，追赶前面那名跳绳跑的人；在规定的时间内或规定的圈数内（如三圈）追赶上前面的跳绳人，则判得一分；各组依次换人进行，最后积分多的队为胜。

4. 游戏规则

（1）跳绳跑是在单脚交换跳的基础上，向前边跑边跳，每跑一步跳绳一次，不允许持绳向前空跑。

（2）跳绳跑时，哪里失败就从哪开始重新跳，不允许踏线和进入圆圈内。绳碰到前面的绳或人即算追赶到。

五、练一练

1. 动作：基本交叉跳（见图 11-68）

动作方法：由基本准备动作开始，两手握住绳子两端的绳柄，绳子置于身后，由后向前摇动绳子，当绳子摇至头前上方时，两手交叉于腹前，双脚或单脚跳过绳子，绳子通过脚下后立即打开，即为完成一次。

动作要领：两小臂上下交叉贴到腹部，交叉的位置大约在小臂的中间，做交叉时拳心向后、拳眼向上，摇绳时由后向上摇起，当绳子快落地时并脚跳起过绳。

图 11-68　基本交叉跳

练习 1：徒手练习（见图 11-69）

手臂在身体前侧做交叉摇绳，配合并脚跳，做 2×8 拍。

图 11-69　徒手练习

练习 2：两手持对折绳练习（见图 11-70）

将绳子对折，做摇绳练习，手腕摇绳放松，体会手腕的发力，脚做并脚跳，可以做多个八拍。

图 11-70　两手持对折绳练习

练习 3：完整动作练习（见图 11-71）

两手持绳做完整动作练习，可以先进行慢速交叉，待熟练之后，再进行快速交叉。循环多次练习，可以多个八拍练习。

图 11-71　完整动作练习

2. 动作：间隔交叉跳（见图 11-72）

动作方法：双手握住跳绳手柄，两脚踩住绳子，开始跳。跳跃时，双脚同时离地，尽可能快速地跳过绳子做一个直摇。第二个动作开始做交叉，双臂交叉摆动，摇绳时由后向上摇起，当绳子快落地时并脚跳起过绳。

动作要领：保持身体稳定和平衡，不要过度摇晃或摆动。控制呼吸，不要憋气，保持呼吸顺畅。直摇过去交叉要迅速，尽可能快地跳跃和交叉，不要犹豫或停顿。

图 11-72　间隔交叉跳

练习 1：徒手练习（见图 11-73）

手臂做体前开合摇绳练习，一开一交叉，两脚做并脚跳练习。

图 11-73　徒手练习

练习 2：两手持对折绳练习（见图 11-74）

将绳子对折，做摇绳练习，一开一交叉，手腕摇绳放松，两脚做并脚跳，可以做多个八拍。

图 11-74　两手持对折绳练习

练习 3：完整动作练习（见图 11-75）

两手持绳进行完整间隔交叉跳练习，先进行慢速练习，等熟练后再进行快速练习，4 个八拍循环多次练习。

图 11-75　完整动作练习

3. 组合技能：双脚交替跳＋间隔交叉跳

练习方法：做 4×8 拍的徒手练习，前 2×8 拍双脚交替跳，后 2×8 拍间隔交叉跳，然后持绳练习。4 个八拍多次循环练习。

练习要求：手腕灵活、发力正确，交叉跳与间隔交叉跳的动作衔接要连贯，并有节奏感。

4.专项体能练习

（1）1分钟踏跳练习（见图11-76）

练习方法：运用学过的踏跳技术，在规定场地内，穿着舒适的运动服和鞋子，听音乐或数节奏自由练习。

图 11-76　1分钟踏跳练习

练习要求：循环多次练习，注意安全距离，上下肢协调用力。

（2）仰撑练习（见图11-77）

练习方法：五指自然张开，与肩同宽撑于地面，核心收紧，双腿与肩同宽屈膝踩地，坐在垫子上，吐气屈向上撑起，吸气回到坐撑，重复动作5次。

练习要求：循环多次练习，注意呼吸与动作结合，核心收紧。

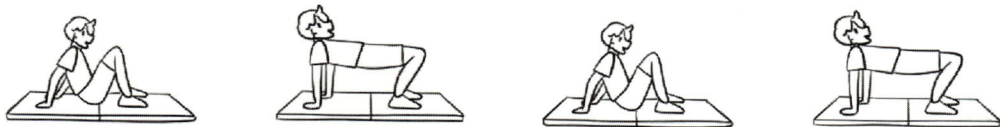

图 11-77　仰撑练习

（3）跳绳梯（见图11-78）

练习方法：选择合适的场地，将三根跳绳分别摆成"U"字形，前半程并脚跳，后半程折返侧向，以开合跳的方式依次跳过绳梯。

练习要求：在安全的练习场地，快速跳跃。

图 11-78　跳绳梯

六、赛一赛：看谁跳得稳定

（1）比赛规则。将幼儿分为人数相等的三组，小组内每个幼儿进行间隔交叉跳绳，每次跳绳算最大连续次数，当一名幼儿跳绳中断之后，下一名幼儿开始跳绳。比赛成绩看小组内成员最大连续次数总和。

（2）比赛方法。要在统一的口令下进行起跳，一组完成后下一组再进行。

（3）小奖励。获得第一名的小组，奖励三朵小红花；获得第二名的小组，奖励两朵小红花；获得第三名的小组，奖励一朵小红花。

七、评一评（见表 11-8）

表 11-8 星星评比表

星级	评价标准
一颗星	1. 幼儿通过练习知道本节课所学内容，能够在教师的帮助下做出交叉跳和间隔交叉跳 1×8 拍动作。 2. 幼儿能够按要求参加比赛，主动性和规则意识都有待提高，在教师的帮助下能够克服练习过程中遇到的困难
二颗星	1. 幼儿能够说出所学动作的名称和动作要领，能够在教师的提示下完成交叉跳和间隔交叉跳 2×8 拍动作。 2. 幼儿主动参与课堂上的活动和比赛，并遵守规则，有挑战意识和合作意识
三颗星	1. 幼儿能够说出所学动作的名称和动作要领，可独立完成交叉跳和间隔交叉跳 4×8 拍动作。 2. 幼儿积极主动地参与游戏和比赛，遵守规则，勇敢展示自我，与同伴友好相处，自觉克服练习过程中遇到的困难

八、课外锻炼（家庭作业）

练习 1：单腿跪撑练习

练习方法：收紧核心，成单腿跪撑。一只手支撑在垫子上，另一只手前平举，躯干伸直，头部、肩部、臀部保持在同一平面，眼睛看向地面，保持身体平衡，均匀呼吸坚持 30 秒。

练习要求：循环多次练习，根据自身情况可以双手撑地或减少时间。

练习 2：双脚轮环跳 + 开合跳

练习方法：根据音乐节奏，一拍一动，每个动作做 1×8 拍。

练习要求：动作幅度到位、上下肢协调用力，身体姿态优美。

练习 3：间隔交叉跳 + 开合跳

练习方法：根据音乐节奏，一拍一动，每个动作做 1×8 拍。

练习要求：动作规范、上下肢协调用力，动作衔接流畅自然。

九、安全小助手

跳绳之前做好准备活动，跳绳结束之后做好放松活动，注意肩关节和膝关节的放松。

跳绳过程中不要佩戴头饰和其他尖锐物品，不要戴眼镜。选择适宜的运动服装和鞋子。

练习跳绳时动作由慢到快，由易到难。

注意合理休息，运动时间控制在 5 ～ 10 分钟，之后休息再跳。

动作视频二维码链接

基本交叉跳
完整练习

间隔交叉跳
完整练习

双脚交替跳 +
间隔交叉跳

模块五 弓步跳、侧弓步跳和勾脚点地跳

一、模块简介

本单元主要学习跳绳中较难的三个动作——弓步跳、侧弓步跳和勾脚点地跳。长期坚持跳绳弓步跳、侧弓步跳和勾脚点地跳可以帮助增强身体素质、塑造

身材、提高身体的平衡性和协调性，以及增强心肺功能和身体的耐力。这些动作还可以帮助锻炼身体的灵活性和协调性，有助于提高身体的整体健康水平。

二、学习目标

1.知识与技能目标

让 90% 的幼儿知道个人绳中弓步跳、侧弓步跳和勾脚点地跳这三个基本动作名称，能通过练习掌握基本动作和方法，可根据音乐完成 2×8 拍的动作。

2.过程与方法目标

通过积极练习与比赛，增强身体力量和柔韧性。

3.情感态度与价值观目标

在练习中能够体验运动乐趣，增强团队意识，在比赛中自觉遵守规则，敢于展示自我，提高个人的自信心。

三、学一学

弓步跳、侧弓步跳和勾脚点地跳。

四、玩一玩

跳绳跑接力比赛

1.游戏目的

训练幼儿的身体协调性，在锻炼跳绳技术的同时又培养了奔跑能力。

2.游戏准备

一块适合游戏参与人数的活动场地或跑道，参与幼儿分成若干个小组，每组第一人在预备线后持绳站立。

3.游戏方法

教师发令后，每组第一人持绳沿规定路线向前跳绳跑到规定地点再跑回，向第二位击掌或交接，依次轮流进行。

4.游戏规则

（1）按照规定路线进行，不允许踩线。

（2）中途跳绳跑失误应在失误地点重新开始，不允许未持绳跑。

5.教学建议

（1）自由设定路线，可以是直线路，也可以是弯曲线路。

（2）可采取变化多样的交接方式。

（3）跳绳跑路线长度，视参与幼儿的水平而定。

五、练一练

1.动作：弓步跳（见图 11-79）

动作方法：在基本摇绳姿势的基础上，两手持绳向前摇，当绳子过脚置于空中时，两脚分开做前后弓步动作，当绳子打地快过脚时，两脚并拢跳过绳，一拍一动，完成弓步跳。

动作要领：手臂保持基本摇绳的姿势，控制手臂摇绳的节奏，脚步打开时前一只脚落地，膝盖弯曲角度在 30° 到 60° 之间，后面一只脚伸直且脚跟不能着地，两脚的间距约为 20 厘米。

图 11-79　弓步跳

练习 1：徒手练习（见图 11-80）

进行徒手练习时，脚下做弓步跳的动作，一拍一动，熟练脚下步伐。

图 11-80　徒手练习

练习 2：摇绳练习（见图 11-81）

单手持绳在身体一侧模仿摇绳的动作，同时脚下做弓步的动作，上下肢配合。

图 11-81　摇绳练习

练习 3：完整动作练习（见图 11-82）

双手持绳做完整动作练习，先慢速练习，再快速练习，一拍一动，循环多次练习，掌握过绳的时机和节奏，体会动作的节奏变化。

图 11-82 完整动作练习

2.动作：侧弓步跳（见图 11-83）

动作方法：在弓步跳绳的基础上，两手持绳向前摇，当绳子过脚置于空中时，两腿向斜上方倾斜 45°分开做弓步动作，当绳子打地快过脚时，两脚并拢跳过绳，一拍一动，完成侧弓步跳。

动作要领：手臂保持基本摇绳姿势，脚步打开时一只脚落地，两腿向斜上方倾斜 45°分开做弓步动作。

图 11-83 侧弓步跳

练习 1：徒手练习（见图 11-84）

进行徒手练习时，脚下做侧弓步跳的动作，开始的时候两拍一动，待熟练脚下步伐后一拍一动。

图 11-84 徒手练习

练习 2：摇绳练习（见图 11-85）

单手持绳在身体一侧模仿摇绳的动作，同时脚下做侧弓步的动作，上下肢协调配合。开始的时候两拍一动，待熟练后一拍一动。

图 11-85　摇绳练习

练习 3：完整动作练习（见图 11-86）

双手持绳做完整动作练习，先慢速练习，再快速练习，可以先两拍一动，再一拍一动，循环多次练习，掌握过绳的时机和节奏，体会动作的节奏变化。

图 11-86　完整动作练习

3.动作：勾脚点地跳（见图 11-87）

动作方法：左脚向前走一步，勾脚，脚后跟点地，右脚前脚掌着地，两手持绳向前摇，右脚支撑跳过绳体后交换另一只脚做同样的动作，一拍一动，完成勾脚点地跳。

动作要领：手臂保持基本摇绳的姿势，控制手臂摇绳的节奏，两手腕注意放松，自然柔和地摇绳，踝关节与膝关节注意放松，控制好节奏与时机，支撑腿前脚掌着地时富有弹性。

图 11-87　勾脚点起跳

练习 1：徒手练习（见图 11-88）

进行徒手练习时，脚下做勾脚点地跳的动作，开始的时候两拍一动，待熟练脚下步伐后一拍一动。

图 11-88　徒手练习

练习 2：摇绳练习（见图 11-89）

单手持绳在身体一侧做正常摇绳动作，同时脚下做勾脚点地的动作，一拍一动。

图 11-89　摇绳练习

练习 3：完整动作练习（见图 11-90）

双手持绳做勾脚点地跳完整动作练习，先慢速练习，再快速练习，可以先两拍一动，再一拍一动，循环多次练习，掌握过绳的时机和节奏，体会动作节奏变化。

图 11-90　完整动作练习

4. 组合技能：弓步跳＋侧弓步跳＋勾脚点地跳

（1）练习方法

做徒手练习，2×8 拍弓步跳，2×8 拍侧弓步跳，2×8 拍勾脚点地跳，然后持绳练习。多个八拍，多次循环练习。

（2）练习要求

手腕灵活、发力正确，交叉跳与间隔交叉跳的动作衔接要连贯，并有节奏感。

5.专项体能练习

（1）竞速小碎步（见图11-91）

练习方法：上体弯曲，两手放于膝关节两侧，左右脚快速地以前脚掌点地。

练习要求：一分钟一组，共三组，做到前脚掌着地，速度快且身体稳定，每组间隔40秒。

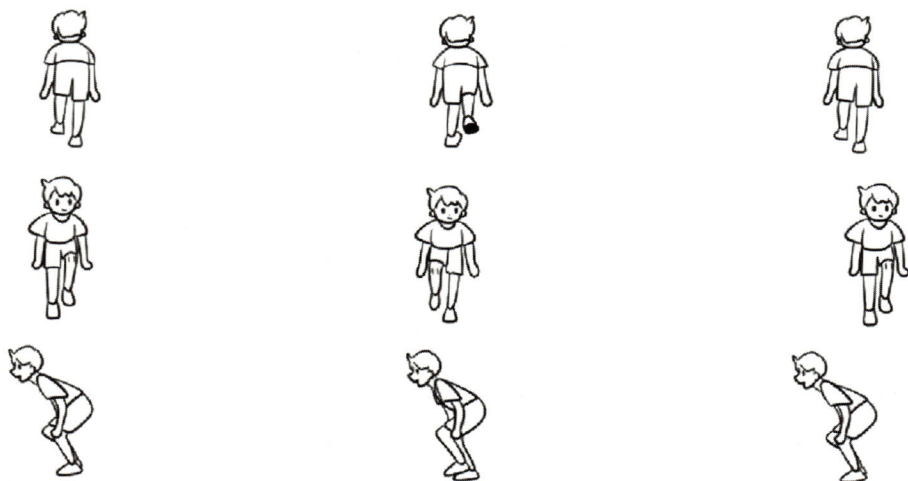

图 11-91　竞速小碎步

（2）单双脚提踵练习（见图11-92）

练习方法：双脚提踵，取站立位，两脚自然分开与肩同宽，两脚尖向前，足跟抬起直至屈最高点，保持3秒后缓慢放下。

练习要求：每组30次，共3组；单脚提踵难度较大，需手扶支撑物，提起后保持2秒，左右脚各15次，共3组。

图 11-92 单双脚提踵练习

（3）连续蛙跳练习（见图 11-93）

练习方法：两脚站立与肩宽，连续进行蛙跳练习，注意重心从后脚跟过渡到前脚掌起跳。

练习要求：每组连续 15 次，共 3 组，帮助增强腿部力量。

图 11-93 连续蛙跳练习

六、赛一赛：看谁跳得稳

1.比赛规则

（1）幼儿分别做 1 分钟的 2×8 拍的弓步跳、侧弓步跳和勾脚点地跳。

（2）幼儿要尽量在规定时间内做弓步跳、侧弓步跳和勾脚点地跳，不中断。

（3）比赛结束后，教师根据动作最大连续次数评分，最大连续次数最高的幼儿将获得胜利。

2.比赛方法

（1）幼儿要在统一的口令下进行起跳。

（2）比赛开始前，每名幼儿需在指定位置做好弓步跳、侧弓步跳和勾脚点地跳的准备。

3.小奖励

（1）获得第一名的幼儿奖励三朵花。

（2）获得第二名的幼儿奖励两朵花。

（3）获得第三名的幼儿奖励一朵花。

七、评一评（见表11-9）

表 11-9　星星评比表

星级	评价标准
一颗星	1. 幼儿通过练习知道本节课所学内容，能够在教师的帮助下做出 $1×8$ 拍弓步跳、侧弓步跳和勾脚点地跳动作。 2. 能够按要求参加比赛，主动性和规则意识都有待提高，在教师的帮助下能够克服练习过程中遇到的困难
二颗星	1. 幼儿能够说出弓步跳、侧弓步跳和勾脚点地跳的名称和动作要领，能够在教师的提示下完成 $2×8$ 拍动作。 2. 主动参与课堂上的活动和比赛，有挑战意识和合作意识
三颗星	1. 幼儿能够说出所学动作的名称和动作要领，能够独立完成弓步跳、侧弓步跳和勾脚点地跳的 $4×8$ 拍动作。 2. 幼儿积极主动地参与游戏和比赛，遵守规则，勇敢展示自我，展现自信心，与同伴友好相处，自觉克服练习过程中遇到的困难

八、课外锻炼（家庭作业）

（1）幼儿自主练习跳绳弓步跳、侧弓步跳和勾脚点地跳。每个动作做4个八拍。

（2）复习跳绳并脚跳、开合跳、左右轮换跳、滑雪跳、交叉跳、间隔交叉跳。

九、安全小助手

挑选适当的衣物，不可穿太松的衣物，以避免衣物掉落或被脚绊倒，请务必把鞋带系好，这样就不会因为跳绳松脱而绊到自己。

在跳绳之前要做好充分的准备活动，在跳绳之后可以适当进行伸展和放松。

按部就班地练习，从慢到快，从简单到复杂。

多人跳绳时，要注意彼此的间隔，以防被别人的绳子打到。

动作视频二维码链接（一）

侧弓步跳完整练习

动作视频二维码链接（二）

勾脚点地跳
完整练习

弓步跳

组合：弓步跳
＋侧弓步跳＋
勾脚点地跳

第三节　多种类的跳绳提升动作

在幼儿学会跳跃的基本动作并能够较好地掌握之后，可以进行跳绳的多种类提升动作教学，不仅可以提升孩子对跳绳的运动兴趣、提升好奇心，还可以增强孩子的身体素质和运动技能。本单元主要让幼儿了解并初步学习跳绳的多种类提升动作，在掌握基本跳绳动作的基础上，增添更多跳绳的娱乐元素。

模块一　一带一基本带人跳

一、模块简介

本模块主要学习跳绳的提升动作：一带一基本带人跳。多种类的跳绳提升动作在幼儿跳绳中具有较为重要的作用。首先，它可以更好地提升幼儿对绳子的控制，提升绳感。其次，它可以作为合作项目进行练习，提高孩子之间的合作意识。与单个的跳绳动作相比，多人的跳绳动作更吸引孩子学习技能的兴趣，学习效率会大大提升。最后，这也是多种类跳绳提升动作中相对简单的一个动作，可帮助幼儿在练习中更好地掌握绳子，从而提高幼儿的绳感。

二、学习目标

1.知识与技能目标

通过本节课的学习，让 85% 的幼儿能初步完成一带一基本带人跳动作，掌握一带一基本带人跳的动作要领及过绳时机。

2.过程与方法目标

幼儿在掌握一带一基本带人跳动作的同时，可增强跳跃的节奏感，提升协调能力和灵敏能力。

3.情感态度与价值观目标

在学习过程中，可以根据幼儿自身的情况设置目标，使其能在课堂中体验到参与的快乐，享受到成功的快乐。其次，培养幼儿互相帮助、团结协作的精神。

三、学一学

一带一基本带人跳。

四、玩一玩：横向跳尺子游戏

教师在地上用标志桶摆成一条横向的直线，在每两个标志桶之间空半米左右，让幼儿横向并脚跳跃；让幼儿在每个标志桶面前跳跃一次，在标志桶中间跳跃一次，到下一个标志桶再跳跃一次，依次循环。

五、练一练

1.动作：原地正向一带一跳（见图 11-94）

图 11-94　原地正向一带一跳

动作方法：两人一组面对面站立，一名幼儿持绳，绳子在身后，另一名幼儿不拿绳站好，持绳幼儿套过对面幼儿一起过绳。

动作要领：持绳者甩绳时要匀速，不要加速；两名幼儿注意过绳时机。

2.动作：旅行跳（见图11-95）

动作方法：两人一组，A、B幼儿相对站立，A拿绳跳绳，B不拿绳站立在一个位置不动。A先在B的左边自己跳动一次，接着跳到B面前带着B同时跳动过绳一次。

动作要领：持绳幼儿边跳边移动；两名幼儿掌握好过绳时机。

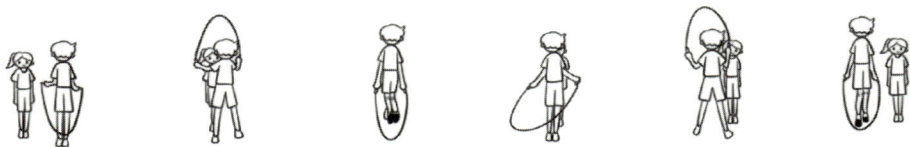

图 11-95　旅行跳

练习1：无绳移动跳跃练习（见图11-96）

练习方法：每名幼儿徒手模仿跳绳动作，跳跃时注意要向下一名幼儿站立的方向跳跃，重心及时跟上。

图 11-96　无绳移动跳跃练习

练习2：有绳移动跳跃练习（见图11-97）

练习方法：每名幼儿持绳进行边跳边移动练习，主要体会重心及时移动的感觉。

图 11-97　有绳移动跳跃练习

练习3：两人原地同时过绳练习（见图11-98）

练习方法：两名幼儿相对站立，持绳幼儿套过跳绳幼儿后，两人同时过绳，多次重复练习。

图 11-98　两人原地同时过绳练习

练习 4：完整练习（见图 11-99）

练习方法：持绳者自己持绳过绳一次，边跳边向下一名幼儿方向移动，再带跳绳者过绳一次，来回重复练习。

图 11-99　完整练习

3.专项体能练习：鸭子步（见图 11-100）

练习方法：教师用展板展示鸭子步，接下来教师展示动作，让孩子模仿鸭子步，每一组走 10 米，进行三组鸭子步练习，提升腿部力量。

图 11-100　鸭子步

六、赛一赛：拉大车

1.比赛方法

全班幼儿平均分成几个小组，每组的第一名幼儿在队伍的前边持绳准备，开始后，持绳者自己跳一次，带人跳一次，再在两人之间自己跳一次，依次进行，跳到队尾，第二名幼儿接着进行。中断后继续进行，看哪一组先完成，先完成的小组获胜。

2.比赛规则

持绳者必须自己跳一次再带人跳一次，依次进行。

3.奖励机制

取得第一名的小组奖励三朵小红花，第二名的小组奖励两朵小红花，最后一名奖励一朵小红花。

七、评一评

幼儿自己评一评（见表11-10），本节课可以得到几朵小红花？

表11-10 小红花评比表

奖励数量	完成要求
三朵小红花	1.能很好地完成一套一动作，并且在此基础上，可以有自己的想法，有所创新；能够几乎无失误地完成套人小游戏。 2.课上参与度高，积极参与并较好地完成各种活动，具有团体意识和合作精神
两朵小红花	1.较好地完成一套一动作，能够几乎无失误地完成一套一的小游戏，失误后积极改正。 2.课上参与度较高，积极参与各种活动，对于某些难度较高的活动积极尝试，具有团体意识和合作精神
一朵小红花	1.不能很好地完成课上所学的一套一跳绳练习，有多次失误，但是在失误后能积极改正。 2.课上参与度一般，进行难度较高的活动失败后不再继续尝试

八、课外锻炼：接力挑战

练习方法：每名幼儿完成上课所学的一套一跳绳动作，尽全力去跳，看看班级里的幼儿谁一次性无失误跳得数量最多。

九、安全小助手

跳绳之前进行合适的准备活动，活动踝腕关节及肩部，不仅能防止运动损伤，还可以更好地学习跳跃动作。

练习时，注意场地的空间及场地的环境，尽量避免灰尘多、凹凸不平的水泥地，选择平坦、室内体育馆或者有弹性的场地。此外，保证跳跃时有合适的空间。

练习过程中，身着运动装和运动鞋，保证练习时的舒适感及防止关节损伤。

动作视频二维码链接

原地正向
一带一跳

旅行跳
完整练习

模块二　两人一绳

一、模块简介

本模块主要学习跳绳的提升动作：两人一绳及各种简单的变换练习。多种类的跳绳提升动作在幼儿跳绳中具有较重要的作用。首先，可以更好地提升幼儿对绳子的控制，提升绳感。其次，可以将其作为合作项目进行练习，提高孩子之间的合作意识。与单个的跳绳动作相比，多人的跳绳动作更能吸引孩子学习技能的兴趣，学习效率会大大提升。最后，这也是多种类跳绳提升动作中相对简单的一个动作，可以帮助幼儿在练习中更好地掌握绳子，从而提高幼儿的绳感。

二、学习目标

1.知识与技能目标

通过本节课的学习，让80%的幼儿初步完成简单的两人一绳动作，掌握两人一绳动作的动作要领及过绳时机。

2.过程与方法目标

在掌握两人一绳动作的同时，增强幼儿跳跃的节奏感，提升幼儿的协调能力和灵敏性。

3.情感态度与价值观目标

在学习过程中，可以根据幼儿自身的情况设置目标，使其能在课堂中体验到参与的快乐，享受到成功的快乐。其次，培养幼儿互相帮助、团结协作的精神。

三、学一学

两人一绳及其各种变换练习。

四、玩一玩

教师放节奏感较强的音乐，让孩子们按照节奏进行原地的双脚轮换跑动作，迅速热身。热身完毕之后，以小组比赛的形式组织孩子们进行双脚轮换跑速度比赛，看哪一队先到达终点。

五、练一练

1. 动作：两人同摇并肩和谐跳（见图 11-101）

动作方法：两人并肩站立面向同一方向，其外侧手分别持一根绳的一端。两人配合同时摇绳，绳子同时通过两人的头顶和脚下，重复进行。

动作要领：起跳时机准确，起跳要有一定的高度，两人同时跳起过绳一周。

图 11-101　两人同摇并肩和谐跳

2. 动作：两人同摇重叠跳（见图 11-102）

动作方法：两人在绳中前后重叠站立，其外侧手分别持一根绳的一端，两人配合同时进行摇绳，绳子同时通过两人的头顶和脚下，重复进行。

动作要领：起跳时机准确，起跳要有一定的高度，两人同时跳起过绳一周。摇绳要圆润，同时进行摇绳。

图 11-102　两人同摇重叠跳

3.动作：两人辅助交换跳（见图 11-103）

动作方法：两名幼儿相对站立，其外侧手持绳进行正摇，前四拍摇绳，第四拍结束后一名幼儿紧接着进绳过绳，跳 4 拍出绳；另一名幼儿与此相同，重复进行。

动作要领：掌握好进绳和出绳的时机；外侧手持绳。

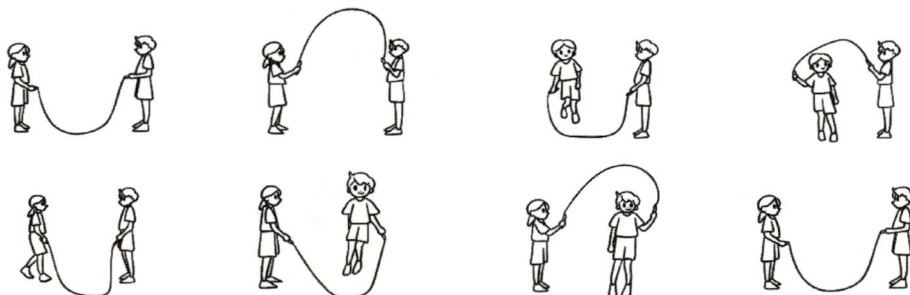

图 11-103　两人辅助交换跳

六、赛一赛

《爬行月球》

1.比赛方法

幼儿们平均分成三个小组，每一组幼儿两列站立，在距离起点 3 米的位置放一个标志桶。"开始"的口令下达后，每组第一排的两名幼儿模仿老虎爬行出发直至标志桶，拿起标志桶旁放置的绳子做出一种两人一绳的跳绳动作，成功后放下绳子跑回终点；下一组幼儿出发，继续以上动作，谁先完成谁胜利。

2.比赛规则

必须采用双手双脚着地，模仿老虎爬行的动作。展示两人一绳动作必须成功后方才返回，组内其他成员可协助完成。

3.奖励机制

取得第一名的小组奖励三朵小红花，第二名的小组奖励两朵小红花，最后一名奖励一朵小红花。

七、评一评

幼儿自己评一评（见表 11-11），本节课可以得到几朵小红花？

表 11-11　小红花评比表

奖励数量	完成要求
三朵小红花	1.能很好地完成两人一绳的动作，并且在此基础上，可以有自己的想法，有所创新。 2.课上参与度高，积极参与并较好地完成各种活动，具有团体意识和合作精神
两朵小红花	1.较好地完成两人一绳动作，掌握后能够几乎无失误地完成两人一绳的练习，失误后能积极改正。 2.课上参与度较高，积极参与各种活动，对某些难度较高的活动能积极尝试，具有团体意识和合作精神
一朵小红花	1.不能很好地完成课上所学的两人一绳的跳绳练习，有多次失误，但是在失误后能积极改正。 2.课上参与度一般，对难度较高的活动失败后不再继续尝试

八、课外锻炼：创意小能手

练习方法：每两名幼儿一组，创编各种两人一绳的跳法，看看谁是创意小能手。

九、安全小助手

跳绳之前进行合适的准备活动，活动踝腕关节及肩部，不仅防止运动损伤，还可以更好地学习跳跃动作。

练习时，注意场地的空间及场地的环境，尽量避免灰尘多、凹凸不平的水泥地，选择平坦、室内体育馆或者有弹性的场地。此外，保证跳跃时有合适的空间。

练习过程中，身着运动装和运动鞋，保证练习时的舒适感及防止关节损伤。

动作视频二维码链接

两人同摇并肩跳（两人和谐跳）　　　两人同摇重叠跳　　　两人辅助交换跳

模块三　三人和谐跳

一、模块简介

本单元主要学习跳绳中的三人和谐跳，三人绳需要默契配合和快速反应，这有助于提高团队协作能力和沟通能力。三人和谐跳是一项非常有益的体育活动，具有增强身体素质、促进身体健康发育、增强自信心和团队合作精神、增强人际交往能力等好处。

二、学习目标

1.知识与技能目标

知道三人和谐跳的基本动作名称，能通过练习掌握基本动作和方法，可以完成 10 个以上个数。

2.过程与方法目标

积极参与课堂练习，提高身体的协调性、灵活性和控制能力。

3.情感态度与价值观目标

在跳绳过程中，三人互相交流、协商、合作，培养良好的人际交往能力，建立更加和谐的人际关系。

三、学一学

三人和谐跳。

四、玩一玩：花式一带一跳绳小游戏

1.游戏目的

避免简单的跳动降低幼儿的兴趣和积极性，提升幼儿的跳绳技术、协调性和配合能力。

2.游戏准备

（1）保持两人一组，且两人一绳。

（2）一块适合幼儿活动的运动区域。

（3）分成组数相同的两个队。

3.游戏方法

（1）教师教授幼儿如何站位、如何持绳、如何发力。

（2）两人面对面站好，一人持绳，另一人静立。

（3）听教师下达"开始"口令后，每组完成 10 个一带一动作，再把绳传递给下一组，继续进行，直至最后一组规范完成，游戏结束。

（4）根据每个队的完成时间判定胜负，用时短者获得胜利。

4.游戏规则

（1）必须采用并脚跳方式，两个人共同跳过一根绳即完成一次，失误可以继续；

（2）每组必须完成 10 次一带一，才能换至下一组开始；

（3）不能抢跳，不能采用其他方式带人，否则视为违例。

5.奖励机制

获胜的队伍奖励一朵小红花。

五、练一练

动作方法：三个人中，一人跳绳，两人摇绳。摇绳者两人相对摇绳，跳绳者面向前方进行并脚跳绳，将绳子置于跳绳者身后，由后向前摇绳，一摇一跳。

动作要领：摇绳者手臂保持基本摇绳的姿势，控制手臂摇绳的节奏，手腕灵活、放松摇绳；跳绳者保持基本跳绳的姿势，配合好摇绳者的节奏，一摇一跳。

1.摇绳练习（见图 11-104）

摇绳者面对面进行摇绳练习，控制绳的节奏。

图 11-104　摇绳练习

2.摇绳＋空跳练习（见图 11-105）

两名摇绳者按照一定节奏正常摇绳，跳绳者在绳外跟着摇绳节奏同步跳跃。

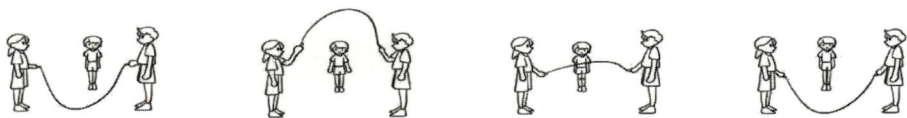

图 11-105　摇绳 + 空跳练习

3. 完整动作练习（见图 11-106）

跳绳者站在绳子中间配合摇绳者做完整动作练习，跳完一个动作，停下来再接下一个动作。待熟练之后逐渐加快速度，一拍一动，循环多次练习。

图 11-106　完整动作练习

六、赛一赛：三人和谐跳看谁跳得多

1. 比赛规则

（1）若干幼儿，每三人组一队，两人摇绳，一人跳绳，进行三人和谐跳比赛。

（2）规定时间内，哪个队伍完成三人和谐跳数量最多即获胜，计时 1 分钟。

2. 比赛方法

（1）统一口令之后再起跳。

（2）中断之后立马调整，进行下一个。

3. 小奖励

（1）获得第一名的小组，奖励三朵小红花。

（2）获得第二名的小组，奖励两朵小红花。

（3）获得第三名的小组，奖励一朵小红花。

七、评一评（见表 11-12）

表 11-12　星星评比表

星级	评价标准
一颗星	1. 幼儿通过练习知道本节课所学内容，能够在教师的提示与帮助下连续完成三人和谐跳 3 个动作。 2. 幼儿能够按要求参加比赛，主动性和规则意识都有待提高，在教师的帮助下能够克服练习过程中遇到的困难

续表

星级	评价标准
二颗星	1. 幼儿能够说出所学动作的名称和动作要领，能够在教师的提示下完成三人和谐跳 5 个动作。 2. 幼儿积极主动参与课堂上的活动和比赛，有挑战意识和合作意识
三颗星	1. 幼儿能够说出所学动作的名称和动作要领，能够独立连续完成三人和谐跳 10 个动作。 2. 幼儿积极主动地参与游戏和比赛，遵守规则，勇敢展示自我，与同伴友好相处，自觉克服练习过程中遇到的困难

八、课外锻炼（家庭作业）

幼儿在家与父母一起练习三人和谐跳，争取最多连续跳 20 个而不中断。

九、安全小助手

合适的场地：选择平坦、柔软的地面，避免在硬地或不平坦的地面上跳绳，以免受伤。

合适的服装：穿着舒适、合适的运动服装，避免穿着过于紧身或宽松的衣服，以免影响动作的灵活性和稳定性。

正确的姿势：保持正确的姿势，双脚并拢，挺胸收腹，保持身体平衡，避免过度弯腰或伸展过度。

合适的跳绳长度：选择适合自己长度的跳绳，避免过短或过长而影响跳绳的稳定性和速度。

正确的呼吸方法：跳绳时要注意呼吸方法，保持呼吸均匀，避免过度憋气，以免影响动作的稳定性和准确性。

避免过度疲劳：跳绳时要适度，避免过度疲劳，以免对身体造成损伤。

及时休息：跳绳过程中，如果感到身体不适或疲劳，则应及时休息，避免继续跳绳导致身体受伤。

动作视频二维码链接

三人和谐跳
完整练习

模块四　双手左右甩绳打地 + 并脚跳 + 开合跳

一、模块简介

本单元主要学习双手左右甩绳打地接并脚跳接开合跳动作。这三个动作的协调连接可以更好地让手脚配合起来，提高身体的协调能力，发展身体的灵活性，增强身体的耐力和免疫力。

二、学习目标

1. 知识与技能目标

让 90% 的幼儿知道双手左右甩绳打地接并脚跳接开合跳这三个基本动作的方法，能通过练习掌握基本动作和方法，完成 1×8 拍的动作。

2. 过程与方法目标

通过积极练习与比赛，增强腿部力量和柔韧性。

3. 情感态度与价值观目标

在练习中能够体验运动乐趣，增强团队意识，在比赛中自觉遵守规则，敢于展示自我，提高个人的自信心。

三、学一学

双手左右甩绳打地 + 并脚跳 + 开合跳。

四、玩一玩：跳绳挑战对抗赛

1. 游戏目的

（1）通过跳绳双人游戏，促进参与者之间的合作、协调和团队精神。

（2）提高跳绳技能和身体协调性。

2. 游戏准备

（1）一根适当长度的跳绳。

（2）宽敞的场地，避免有障碍物。

（3）两名参与者。

3. 游戏方法

（1）双人合作跳绳：参与者需要面对面站成排，持续跳跃过跳绳。一人掌握跳绳的节奏和速度，另一人负责跳过跳绳，要求参与者保持节奏一致，确保跳绳不停止，可以选择多种跳绳动作，如单摇跳、交叉跳等。

（2）对抗模式：参与者分成两组，每组一人，两个人同时开始跳绳，目标是看哪个组能够坚持更长时间或者跳过更多次数，可以设定时间限制或跳过的圈数进行竞争。

4. 游戏规则

（1）当参与者跳绳失败（跳绳被绊倒或跳不过去）时，游戏重新开始。

（2）在双人合作跳绳中，参与者必须保持身体直立并保持合适的距离，以避免相互干扰。

（3）参与者可以根据自己的能力和水平进行适当的调整和变化，增加游戏的难度和挑战性。

5. 教学建议

（1）游戏前，确保参与者已经掌握基本的跳绳技巧和动作，提前进行热身活动。

（2）介绍游戏规则和目的，确保参与者理解并知道如何进行游戏。

（3）鼓励参与者之间的合作和团队精神，互相帮助和支持。

（4）根据参与者的水平和能力，调整游戏的难度和速度，使其逐渐提高技能。

（5）提供反馈和鼓励，表扬参与者的努力和进步。

（6）定期组织比赛或展示活动，让参与者有机会展示他们的成果，并激发他们的兴趣。

五、练一练

（1）动作方法：1～4个八拍进行左右甩绳打地动作，5～6个八拍做并脚跳，7～8个八拍做开合跳，多个八拍循环多次练习。

（2）动作要领：左右侧打甩绳和并脚跳的连接要协调，并脚跳和开合跳的连接要连贯。

六、赛一赛：看谁跳得稳

1. 比赛规则

（1）将幼儿分为人数相等的两个小组，每个小组的幼儿同时做 4×8 拍的双手左右甩绳打地动作接并脚跳接开合跳。

（2）教师比较哪组幼儿跳得整齐、不中断即为优秀。

2. 比赛方法

教师将幼儿分为两组，教师喊口令，两组幼儿依次进行。教师根据每组幼儿的整齐度及稳定性来进行打分。

3. 小奖励

跳得较稳的一组获得三朵小红花，另一组获得一朵小红花。

七、评一评（见表11-13）

表11-13　星星评比表

星级	评价标准
一颗星	1. 幼儿通过练习知道本节课所学内容，能够在教师的提示与帮助下完成 1×8 拍双手左右甩绳打地动作接并脚跳接开合跳。 2. 幼儿能够按要求参加比赛，主动性和规则意识都有待提高，在教师的帮助下能够克服练习过程中遇到的困难
二颗星	1. 幼儿能够说出所学动作的名称和动作要领，能够在教师的提示下完成 2×8 拍双手左右甩绳打地动作接并脚跳接开合跳。 2. 幼儿积极主动参与课堂上的活动和比赛，有挑战意识和合作意识
三颗星	1. 幼儿能够说出所学动作的名称和动作要领，能够独立连续完成 4×8 拍双手左右甩绳打地动作接并脚跳接开合跳。 2. 幼儿积极主动地参与游戏和比赛，遵守规则，勇敢展示自我，与同伴友好相处，自觉克服练习过程中遇到的困难

八、课外锻炼（家庭作业）

幼儿在家自主练习双手左右甩绳打地动作接并脚跳接开合跳，记下最大连接次数。

九、安全小助手

1. 做好热身运动

跳绳之前一定要做好充分的热身运动，包括伸展运动、关节松动等，这有助于减少肌肉和关节的损伤。

2. 选择合适的场地

选择平坦、柔软的场地进行运动，避免在硬地或不平坦地面跳绳。

3. 保持正确的姿势

并脚跳和开合跳绳时，保持正确的姿势非常重要，双脚平稳着地，避免过度弯曲或扭曲。

4. 适当调整运动强度和频率

根据自己的身体状况和锻炼目标，适当调整运动强度和频率，过度的运动可能会对身体造成伤害。

5.合理安排休息

在跳绳过程中，合理安排休息时间，避免过度疲劳，适当的休息有助于恢复肌肉和关节。

动作视频二维码链接

双手左右甩绳打地 + 并脚跳 + 开合跳

模块五 双手左右甩绳打地 + 间隔交叉跳

一、模块简介

本单元主要学习双手左右甩绳打地接间隔交叉跳动作。双手左右甩绳打地和间隔交叉跳这两个动作的连接可以更好地提高左右肢体和上下肢的协调能力，提高身体的灵活性和耐力。

二、学习目标

1.知识与技能目标

让85%的幼儿知道左右甩绳打地接间隔交叉跳的基本动作方法，能够通过练习掌握左右甩绳打地接间隔交叉跳，可完成1×8拍动作。

2.过程与方法目标

幼儿通过积极参与课堂活动和比赛，提高身体运动能力，养成良好的运动习惯。

3.情感态度与价值观目标

幼儿通过练习和比赛，体会运动乐趣，培养幼儿养成不怕困难、顽强拼搏的良好品质。

三、学一学

双手左右甩绳打地接间隔交叉跳。

四、玩一玩：牛牛过绳

1.游戏目的

锻炼幼儿的肢体协调力、身体控制力及团结合作能力。

2. 游戏准备

（1）保持两人一组，且一人一绳。

（2）选一块适合幼儿活动的安全区域。

3. 游戏方法

教师协助小朋友们把各自的跳绳摆放成"S"形状，并将所有人的跳绳连起来，形成多个"S"弯，两人一组，面对面手拉手，头和头中间夹一张纸，两人分别沿着"S"弯两侧行走。

4. 游戏规则

（1）两人在移动的过程中所夹的纸不能掉，且不能踩到绳子。

（2）计算"S"弯从头到尾的时间，时间最短的一组获胜。

5. 教学方法

游戏过程中，教师要时刻提醒小朋友们注意安全，不要拥挤、推搡他人。

五、练一练

1. 动作方法

第1～4个八拍进行左右侧甩打地动作，5～8个八拍进行间隔交叉跳动作，多个八拍多次循环练习。

2. 动作要领

手腕要灵活，左右侧甩打地与间隔交叉跳的连接要连贯。

六、赛一赛

1. 比赛规则

幼儿分别做4个八拍的左右侧甩接间隔交叉跳，教师比较他们的连贯程度。

2. 比赛方法

（1）教师将全体幼儿分为四个组，依次进行，教师喊口令，幼儿按教师的口令做动作。

（2）教师分别记录4个、3个、2个八拍不中断的幼儿。

3. 小奖励

（1）4个八拍不中断的幼儿获得三朵小红花。

（2）3个八拍不中断的幼儿获得两朵小红花。

（3）2个八拍不中断的幼儿获得一朵小红花。

七、评一评（见表 11-14）

表 11-14　星星评比表

星级	评价标准
一颗星	1. 幼儿通过练习知道本节课所学内容，能够在教师的提示与帮助下完成 $1×8$ 拍双手左右甩绳打地动作接间隔交叉跳。 2. 幼儿能够按照教师的要求参加比赛，主动性和规则意识以及团队意识都有待提高，在教师的帮助下能够克服练习过程中遇到的困难
二颗星	1. 幼儿能够说出所学动作的名称和动作要领，能够在教师的提示下完成 $2×8$ 拍双手左右甩绳打地动作接间隔交叉跳。 2. 幼儿积极主动参与课堂上的活动和比赛，有挑战意识和合作意识
三颗星	1. 幼儿能够说出所学动作的名称和动作要领，能够独立连续完成 $4×8$ 拍双手左右甩绳打地动作接间隔交叉跳。 2. 幼儿积极主动参与游戏和比赛，遵守规则，勇敢展示自我，与同伴友好相处，自觉克服练习过程中遇到的困难

八、课外锻炼（家庭作业）

幼儿在家自主练习双手左右甩绳打地动作接间隔交叉跳，尽量不中断。

九、安全小助手

（1）上课确保场地平整，无石子等杂物，避免脚部受伤。

（2）穿合适的运动鞋，避免鞋子脱落影响运动。

（3）合理安排运动量，避免过度疲劳。

（4）跳绳时及时补充水分，避免脱水。

（5）跳绳时若发现身体不适，应及时停止运动，寻求教师帮助。

动作视频二维码链接

双手左右甩绳打地
＋间隔交叉跳

模块六 双手左右甩绳打地 + 弓步跳 + 勾脚点地

一、模块简介

本单元主要学习双手左右甩绳打地接弓步跳接勾脚点地动作，目的是提高幼儿的身体协调能力和控制能力，弓步跳和勾脚点地跳绳都有助于提高心肺功能、增强肌肉力量、改善身体协调性和平衡感等。

二、学习目标

1.知识与技能目标

让85%的幼儿知道左右甩绳打地接弓步跳接勾脚点地跳的基本动作方法，能够通过练习掌握左右甩绳打地接弓步跳接勾脚点地跳，可完成 1×8 拍动作。

2.过程与方法目标

幼儿通过积极练习与比赛，增强肌肉力量、改善身体协调性。

3.情感态度与价值观目标

遵守规则，团结合作，当同伴出现失误时不埋怨，表现出勇敢、坚毅的意志品质。

三、学一学

双手左右甩绳打地接弓步跳接勾脚点地跳。

四、玩一玩：彩虹跳绳

1.游戏目的

通过跳跃动作，越过旋转的彩虹绳，锻炼孩子的身体协调能力和节奏感。

2.游戏准备

（1）需要一个平坦的室内或室外场地，足够容纳参与者跳绳的空间。

（2）每个参与者都需要一根合适长度的跳绳。

3.游戏方法

（1）个人赛或团体赛，参与者轮流进行跳绳。

（2）参与者可以根据年龄和水平划分成不同组别进行比赛。

4.游戏规则

（1）在场地上画上不同颜色的彩虹弧线，每条弧线上都标有一个数字。

（2）参与者根据彩虹弧线上标示的数字进行跳绳。

（3）组织者每喊出一个颜色，参与者需要在该颜色的彩虹弧线上跳绳，直到跳绳次数与弧线上标示的数字相同。

（4）参与者可以选择自由跳绳的方式和速度，但需保证每次跳绳次数准确无误。

（5）在个人赛中，跳绳次数最多的参与者获胜；在团体赛中，跳绳次数最多的小组获胜。

（6）比赛可以进行多轮，每轮结束后重新喊出一种颜色，参与者继续跳绳。

（7）鼓励参与者互相观摩和学习，分享跳绳技巧和经验。

5.教学建议

在教学时，可以先示范正确的跳跃姿势和节奏感，让孩子们理解游戏规则和技巧。同时，要确保安全，避免幼儿受伤，鼓励孩子们彼此合作、互相鼓励，在游戏中培养团队合作意识和竞争精神。

五、练一练

1.动作方法

（1）第一个八拍：第1～4拍，左右侧打甩绳；第5～8拍，弓步跳。

（2）第二个八拍：第1～4拍，左右侧打甩绳；第5～8拍，勾脚点地跳。

2.动作要领

多个八拍多次循环练习，左右侧打甩绳、弓步跳和勾脚点地跳的连接要连贯。

六、赛一赛

看谁跳得稳。

1.比赛规则

（1）教师把幼儿分成人数相等的三组，每个幼儿依次做4×8拍的左右侧打甩绳接弓步跳、左右侧打甩绳接勾脚点地跳。保证这四个八拍不中断。

（2）一组幼儿当中，一个幼儿做完后，下一个幼儿再做，若有幼儿中断，则从头开始，只有三次中断机会。

（3）一组幼儿做完之后，下一组幼儿再做。

2.比赛方法

教师比较每组幼儿的最大连接次数，最大连接次数最多的一组获胜。

3.小奖励

（1）做最大连接次数第一名的小组获得三朵小红花。

（2）做最大连接次数第二名的小组获得两朵小红花。

（3）做最大连接次数第三名的小组获得一朵小红花。

七、评一评（见表11-15）

表11-15　星星评比表

星级	评价标准
一颗星	1. 幼儿通过练习知道本节课所学内容，能够在教师的帮助下做出 $2×8$ 拍左右侧打甩绳接弓步跳、左右侧打甩绳接勾脚点地跳。 2. 能够按要求参加比赛，主动性和规则意识都有待提高，在教师的帮助下能够克服练习过程中遇到的困难
二颗星	1. 幼儿能够说出左右侧打甩绳接弓步跳、左右侧打甩绳接勾脚点地跳名称和动作要领，能够在教师的提示下完成 $4×8$ 拍动作。 2. 主动参与课堂上的活动和比赛，有挑战意识和合作意识
三颗星	1. 幼儿能够说出所学动作的名称和动作要领，能够独立完成左右侧打甩绳接弓步跳、左右侧打甩绳接勾脚点地跳 $6×8$ 拍动作。 2. 幼儿积极主动地参与游戏和比赛，遵守规则，勇敢展示自我，展现自信心，与同伴友好相处，自觉克服练习过程中遇到的困难

八、课外锻炼（家庭作业）

幼儿在家自主练习双手左右侧打甩绳接弓步跳、左右侧打甩绳接勾脚点地跳，尽量不中断。

九、安全小助手

1. 准备活动

在跳绳课前，首先要做好充分的准备活动，包括拉伸肌肉、提高心肺功能和增强关节灵活性。

2. 正确的跳绳姿势

（1）双脚并拢，将绳置于身后，双手握绳柄，向前摇动绳子，同时双脚跳绳。

（2）尽量保持绳子通过脚底部的速度均匀，避免绊倒或跳空。

3. 合理的跳绳强度

应根据个人的体质和体能，合理选择跳绳的时间和次数，避免过度疲劳。

4. 及时休息

跳绳课程中应适时休息，避免连续长时间跳绳对关节和肌肉造成过大负担。

5. 防范地面状况

选择平坦、柔软的地面进行跳绳，避免在不平整的地面跳跃导致受伤。

动作视频二维码链接

双手左右甩绳打地＋
弓步跳＋勾脚点地跳

模块七　各种基本脚步组合练习

一、模块简介

本单元主要学习跳绳中的各种基本脚步练习动作，第一个是"并脚跳＋开合跳＋弓步跳"，第二个是"左右轮换跳＋滑雪跳＋勾脚点地跳"。跳绳的各种基本脚步组合练习是一项非常有益的运动，它不仅可以提高跳绳水平，还能增强心肺功能、协调性、灵活性和体能水平。

二、学习目标

1.知识与技能目标

让 90% 的幼儿知道个人绳中的"并脚跳＋开合跳＋弓步跳"及"左右轮换跳＋滑雪跳＋勾脚点地跳"这两组基本组合动作名称，能通过练习掌握基本动作和方法，可根据音乐完成 3×8 拍的动作。

2.过程与方法目标

通过积极练习与比赛，增强身体力量和柔韧性。

3.情感态度与价值观目标

在练习中能够体验运动乐趣，增强团队意识，在比赛中自觉遵守规则，敢于展示自我，提高个人的自信心。

三、学一学

各种基本脚步组合练习。

四、玩一玩

跳脚花。

1.游戏目的

锻炼手脚协调能力。

2.游戏准备

适合的场地，一人一绳。

3.游戏方法

（1）教师指定脚花种类，看看谁能流畅跳完。

（2）脚花可包括并脚跳、开合跳、弓步跳、滑雪跳、勾脚点地跳等。

4.游戏规则

（1）要给予充分的练习时间。

（2）规定时间限制，看谁会的种类最多。

五、练一练

1.并脚跳＋开合跳＋弓步跳

（1）动作方法。第一个8拍中，1～4拍并脚跳，5～8拍开合跳。第二个8拍中，1～4拍并脚跳，5～8拍弓步跳。第三个8拍中，1～4拍开合跳，5～8拍弓步跳。

（2）动作要领。并脚跳、开合跳和弓步跳连接要连贯，多个8拍循环多次练习。

2.左右轮换跳＋滑雪跳＋勾脚点地跳

（1）动作方法。第一个8拍中，1～4拍左右轮换跳，5～8拍滑雪跳。第二个8拍中，1～4拍左右轮换跳，5～8拍勾脚点地跳。第三个8拍中，1～4拍滑雪跳，5～8拍勾脚点地跳。

（2）动作要领。左右轮换跳、滑雪跳、勾脚点地跳的连接要连贯，多个8拍循环多次练习。

六、赛一赛

跳绳基本脚步组合小比赛。

1.比赛规则

（1）幼儿从新学的这两个组合中任意选择一个组合去展示，也可以展示两个组合。

（2）幼儿依次进行展示。

2.比赛方法

（1）教师根据幼儿动作的连贯程度对其进行打分。

（2）两个组合都展示出来且不中断的幼儿可以获得10分。

（3）展示一个组合且不中断的幼儿可以获得7分。

3.小奖励

（1）获得 10 分的幼儿奖励三朵小红花。

（2）获得 7 分的幼儿奖励两朵小红花。

七、评一评（见表 11-16）

表 11-16 星星评比表

星级	评价标准
一颗星	1.幼儿通过练习知道本节课所学内容，能够在教师的帮助下做出 3×8 拍跳绳基本脚步组合动作。 2.幼儿能够按要求参加比赛，主动性和规则意识都有待提高，在教师的帮助下能够克服练习过程中遇到的困难
二颗星	1.幼儿能够说出所学动作的名称和动作要领，能够在教师的提示下完成 6×8 拍跳绳基本脚步组合动作。 2.幼儿主动参与课堂上的活动和比赛，有挑战意识和合作意识
三颗星	1.幼儿能够说出所学动作的名称和动作要领，能够独立完成 9×8 拍跳绳基本脚步组合动作。 2.幼儿积极主动参与游戏和比赛，遵守规则，勇敢展示自我，与同伴友好相处，自觉克服练习过程中遇到的困难

八、课外锻炼（家庭作业）

幼儿在家尝试将"并脚跳＋开合跳＋弓步跳"与"左右轮换跳＋滑雪跳＋勾脚点地跳"这两个组合拆开，将任意三个动作重新组合再进行练习。

九、安全小助手

1.热身和拉伸

在跳绳之前，进行适当的热身和拉伸运动，以减少肌肉和关节的受伤风险。

2.逐渐增加难度

不要一开始就尝试过于复杂的脚步组合，应该从简单的步伐开始，逐渐增加难度。

3.定期休息

跳绳时要注意休息，不要过度疲劳。适当的休息有助于恢复体力，避免肌肉疲劳和受伤。

4.穿着合适的鞋子和服装

选择合适的鞋子和服装，以减少受伤的风险。建议穿着舒适、减震性能好的运动鞋和宽松的运动服。

模块八　翻山越岭

一、模块简介

本模块主要学习跳绳的提升动作——"翻山越岭"。在练习过程中，幼儿不仅能够发展自身的协调素质和力量素质，还能充分发挥自己的想象力和创造力，对于幼儿未来的发展具有极其重要的作用。

二、学习目标

1.知识与技能目标

通过本节课的学习，让 80% 的幼儿能初步完成简单的"翻山越岭"动作，掌握"翻山越岭"的动作要领。

2.过程与方法目标

在掌握两人一绳动作的同时，增强幼儿跳跃的节奏感，提升幼儿的协调能力、灵敏性及力量素质。

3.情感态度与价值观目标

在学习过程中，根据幼儿自身的情况设置目标，让幼儿充分融入课堂，能在课堂中体验到参与的快乐，享受到成功的快乐。其次，培养幼儿互相帮助、团结协作的精神。

三、学一学

多绳过绳方法练习。

四、玩一玩

跳绳圈：
教师用多条绳子摆成一个个各不相同的图形，让孩子们自己选择、交流跳过绳子的方式和步伐，可以并脚、弓步、单脚跳跃等。

五、练一练

1.动作：过绳练习（见图 11-107）

动作方法：每组 6～8 名幼儿，两人一组，持一根绳子相对站立，每组之间距离 1 米以上。第一组幼儿蹲下拉绳距离地面高度约为 10 厘米，第二组幼儿蹲下拉绳距离地面高度约为 20 厘米，第三组幼儿拉绳距离地面高度约为 30 厘米，根据组数的增加不同，距离地面高度也相应增加，高度也可调整。派出一名幼儿跳过或者跨过绳子，看看能跳到多高，依次循环。

动作要领：拉绳者在过程中要拉直绳子，不可在跳绳者跳的过程中突然改变绳子高度。过绳者在跳跃过程中应注意安全。

图 11-107　过绳练习

2.动作：一跨一钻练习（见图 11-108）

动作方法：两人一组持一根绳子相对站立，每两组之间距离 1 米以上。单数组别的幼儿蹲下，拉绳距离地面高度约为 30 厘米，双数组别的幼儿蹲下，拉绳距离地面高度约为 40 厘米。派出一名幼儿以先跨绳再钻绳的形式到达终点，依次循环。

动作要领：尽量一跨一钻，一步一动，减少小碎步。钻的时候要注意双手撑地，身体俯下去。

图 11-108　一跨一钻练习

3.动作：自由组合练习

动作方法：过绳者根据绳子的高度自由选择过绳的方法，自由组合。

动作要领：过绳者在过绳时，绳子要保持静止，以免幼儿在跳跃过程中发生危险。

专项体能练习：下蹲跳（见图 11-109）

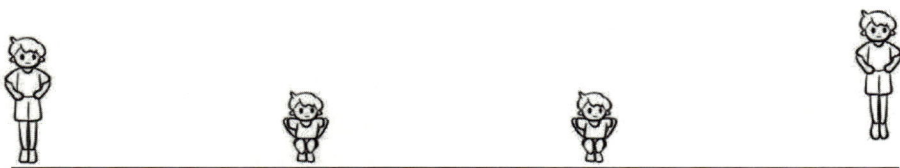

图 11-109　下蹲跳

练习方法：幼儿们做动作前先蹲下，腿部发力跳起来，提高自身的腿部力量。

六、赛一赛：跨过障碍物

1.比赛方法

全班幼儿平均分成几个小组，站在起点前，每隔 3 米摆一个障碍物，跑到第一个障碍物前跳过，在第二个障碍物前做五个蹲起，跑到第三个障碍物前绕过并迅速跑回，返回起点后，下一组幼儿出发，谁先完成谁胜利。

2.比赛规则

"开始"口令下达后方可出发；必须做出相应的动作才算合格。

3.奖励机制

取得第一名的小组奖励三朵小红花，第二名的小组奖励两朵小红花，最后一名奖励一朵小红花。

七、评一评

幼儿自己评一评（见表 11-17），本节课可以得到几朵小红花？

表 11-17　小红花评比表

奖励数量	完成要求
三朵小红花	1. 能很好地完成本节"翻山越岭"各种练习动作，并且在此基础上，可以有自己的想法，有所创新。 2. 课上参与度高，积极参与并较好地完成各种活动，具有团体意识和合作精神

续表

奖励数量	完成要求
两朵小红花	1. 较好地完成本节"翻山越岭"各种练习动作，并且善于思考、总结。 2. 课上参与度较高，积极参与各种活动，对于某些难度较高的活动积极尝试，具有团体意识和合作精神
一朵小红花	1. 不能很好地完成课上所学的"翻山越岭"各种跳绳练习，有多次失误，但是在失误后能积极改正。 2. 课上参与度一般，对于难度较高的活动失败后不再继续尝试

八、课外锻炼：简易波比跳

练习方法：幼儿们在课下做三组波比跳，每组 6 个。幼儿们先采用俯卧的姿势，双脚慢慢往双手处走，贴近双手后，站起来，开合跳一次，循环进行。

九、安全小助手

跳绳之前进行合适的准备活动，活动踝腕关节及肩部，不仅能防止运动损伤，还可以更好地学习跳跃动作。

练习时，注意场地的空间及场地的环境，尽量避免灰尘多、凹凸不平的水泥地，选择平坦、室内体育馆或者有弹性的场地。此外，保证跳跃时有合适的空间。

练习过程中，身着运动装和运动鞋，保证练习时的舒适感及防止关节损伤。

动作视频二维码链接

一跨一钻练习

模块九 简易绳中绳

一、模块简介

本模块主要学习跳绳的提升动作——简易绳中绳。跳绳提升动作在幼儿跳绳中具有较重要的作用。首先，它可以更好地提升幼儿对绳子节奏感的控制与了解，提升绳感。其次，它可以锻炼孩子们之间的合作精神。与单个的跳绳动作相比，多人的跳绳动作更能吸引孩子学习技能的兴趣，大大提升学习效率。

二、学习目标

1.知识与技能目标

通过本节课的学习，让 75% 的幼儿能初步完成简易绳中绳练习动作，掌握简易绳中绳练习动作的动作要领及过绳时机。

2.过程与方法目标

在掌握简易绳中绳练习动作的同时，增强幼儿跳跃的节奏感，提升幼儿的协调能力和灵敏性。

3.情感态度与价值观目标

在学习过程中，可以根据幼儿自身的情况设置目标，使其能在课堂中体验到参与的快乐，享受到成功的快乐。其次，培养幼儿互相帮助、团结协作的精神。

三、学一学

两人一绳及其各种变换练习。

四、玩一玩

袋鼠跳：双手握住绳子的两端，双脚踩住绳子，拉紧绳子，模仿袋鼠跳跃的方式用力向前跳，回到起点后交接给下一名幼儿。

五、练一练

动作：大绳套小绳

动作方法：三人一组，两名幼儿摇绳，绳长 3.6 米左右，跳绳者持短绳先在绳子中间站好，随着摇绳者的摇绳动作进行大绳的跳跃动作，待熟悉节奏后，尝试跟随大绳的节奏带着自己手中的短绳进行一起跳跃。

动作要领：注意掌握好过大绳的时机；掌握好大绳跳跃的节奏后方可带短绳进行跳跃，注意过绳时机与两条绳子的配合。

练习 1：摇绳练习（见图 11-110）

练习方法：两人一组，先练习摇绳，摇绳的速度要均匀，用大臂的力量带动手腕摇绳。

图 11-110　摇绳练习

练习 2：跳大绳练习（见图 11-111）

练习方法：跳绳者先在绳中站好，待摇绳者摇绳时再跳过绳子，掌握好过绳时机与节奏。

图 11-111　跳大绳练习

练习 3：完整练习（见图 11-112）

练习方法：在练习 2 的基础上，跳绳者手持短绳，先跟随大绳的节奏跳跃，待熟悉跳绳节奏后，尝试带着短绳同节奏跳跃。

图 11-112　完整练习

六、赛一赛

1. 比赛名称

"大灰狼与小白兔"游戏。

2. 比赛方法

教师扮"大灰狼"，小朋友们扮"小白兔"。小朋友们把跳绳围成一个圈，站在绳圈的外面，跟随音乐按照逆时针或者顺时针的方向围着绳圈跳跃，跳跃过程中不要踩到绳子，待音乐节奏一变，教师就化身"大灰狼"，去抓"小白兔"，"小白兔"要迅速躲进自己的绳圈内蹲下保护自己，"大灰狼"走了就要出绳圈。音乐节奏变回去之后，"小白兔"要继续围绕绳圈跳绳，循环往复，看看谁留在最后不被大灰狼抓住。

3. 比赛规则

在音乐节奏变化前，要围绕绳圈跳跃；大灰狼抓小白兔时，不可以提前躲进绳圈中。

4. 奖励机制

谁能坚持到最后，谁就成功。

七、评一评

幼儿自己评一评（见表 11-18），本节课可以得到几朵小红花？

表 11-18　小红花评比表

奖励数量	完成要求
三朵小红花	1.能很好地完成大绳套小绳的动作，并且在此基础上，可以有自己的想法，有所创新。 2.课上参与度高，积极参与并较好地完成各种活动，具有团体意识和合作精神
两朵小红花	1.较好地完成大绳套小绳动作，掌握后能够几乎无失误地完成两人一绳的练习，失误后能积极改正。 2.课上参与度较高，积极参与各种活动，对于某些难度较高的活动能积极尝试，具有团体意识和合作精神
一朵小红花	1.不能很好地完成课上所学的大绳套小绳的跳绳练习，有多次失误，但是失误后能积极改正。 2.课上参与度一般，进行难度较高的活动失败后不再继续尝试

八、课外锻炼

并脚跳 15 个一组，连续跳 4 组。

九、安全小助手

跳绳之前进行合适的准备活动，活动踝腕关节及肩部，不仅能防止运动损伤，还可以更好地学习跳跃动作。

练习时，注意场地的空间及场地的环境，尽量避免灰尘多、凹凸不平的水泥地，选择平坦、室内体育馆或者有弹性的场地。此外，保证跳跃时有合适的空间。

练习过程中，身着运动装和运动鞋，保证练习时的舒适感及防止关节损伤。

动作视频二维码链接

大绳套小绳完整练习

模块十　简易交互绳

一、模块简介

本模块主要学习跳绳的提升动作——简易交互绳。多种类的跳绳提升动作在幼儿跳绳中具有较为重要的作用。首先，可以更好地提升幼儿对绳子节奏感的控制与了解，提升绳感。其次，还可以锻炼孩子们之间的合作精神。与单个的跳绳动作相比，多人的跳绳动作能够更吸引孩子学习技能的兴趣，学习效率会大大提升。

二、学习目标

1.知识与技能目标

通过本节课的学习，让 75% 的幼儿能初步完成简易交互绳动作，掌握简易交互绳的动作要领及过绳时机。

2.过程与方法目标

在掌握简易交互绳动作的同时，增强幼儿跳跃的节奏感，提升幼儿的协调能力和灵敏性。

3.情感态度与价值观目标

在学习过程中，可以根据幼儿自身的情况设置目标，使其能在课堂中体验到参与的快乐，享受到成功的快乐。其次，培养幼儿互相帮助、团结协作的精神。

三、学一学

简易交互绳。

四、玩一玩：保卫"萝卜"

全班幼儿围成一个大圆圈，站在用跳绳围成的圆圈里。圆圈的中间放着若干网球充当"萝卜"。音乐开始后，男孩先出发，跳到中间，取到"萝卜"后用脚夹着球跳着返回，放到自己的绳圈内，音乐停止后，女孩出发，像男孩一样取"萝卜"，教师可以随时把"萝卜"放回原处，看看最后谁的绳圈中的"萝卜"最多。

五、练一练

1.动作：四人简易交互绳

动作方法：八人一组，四名幼儿摇绳，另外四名幼儿跳绳。摇绳者站立成一个正方形，相邻两人持一根绳，四人以同样的速度、频率摇绳。跳绳者在摇绳者摇绳之前站立在每根绳子的中间，再随着绳子的摆动跳过绳子。在一个八拍中，前四拍正常跳跃，后四拍出绳，跳到摇绳者的身前，重复进行。

动作要领：摇绳者的速度要均匀、同时；跳绳者要找到合适的出绳时机。

练习 1：摇绳练习（见图 11-113）

练习方法：四人或多人一组，相邻者持一根绳，双手朝着由下往后、再往上、再往前的方向同时摇绳，摇绳时注意匀速、同时，摇圆。

图 11-113　摇绳练习

练习 2：带人跳绳练习（见图 11-114）

练习方法：跳绳者站立在绳子的中间，待摇绳者开始摇绳，跳绳者随着绳子的转动跳起过绳，重复进行。

图 11-114　带人跳绳练习

练习 3：出绳练习（见图 11-115）

练习方法：跳绳者掌握了在绳子中间过绳的时机之后，尝试在跳跃过最后一次绳的时候，一边向前跳跃一边过绳，为出绳提供良好的基础。

图 11-115　出绳练习

练习 4：完整练习（见图 11-116）

练习方法：跳绳者站在绳子中间，随着摇绳者摇绳跳绳者过绳，在一个八拍中，跳绳者在前四拍正常过绳，待第四拍结束后迅速出绳，来到面前摇绳者的身前。待摇绳停止，跳绳者再站立在下一根绳子的中间，重复进行。

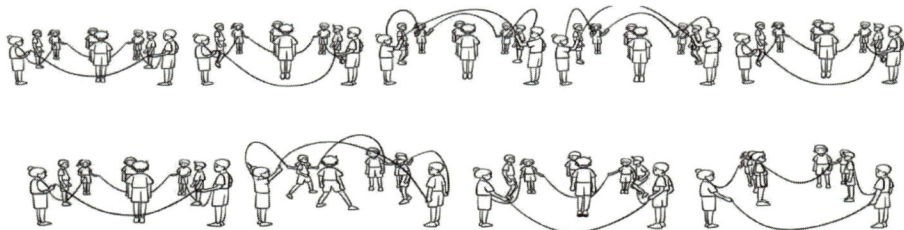

图 11-116　完整练习

2. 动作：四人变换简易四角绳

动作方法： 八人一组，四名幼儿摇绳，另外四名幼儿跳绳。摇绳者站成一个正方形，相邻两人持一根绳，四人以同样的速度、频率摇绳。在一个八拍中，摇绳者在前四拍正常打地摇绳，在后四拍双手高高举起，进行高摇绳。跳绳者在摇绳者摇绳之前先站立在每根绳子的中间，在一个八拍中，前四拍随着绳子的摆动跳过绳子，后四拍蹲下，重复进行。

动作要领： 摇绳者的速度要匀速，同时高摇绳时绳子要摇力圆，不要打到蹲在地上的幼儿。

练习1： 摇绳练习（见图 11-117）

练习方法： 四人或多人一组，相邻者持一根绳，双手朝着由下往后、再往上、再往前的方向同时摇绳，摇绳时注意匀速、同时，摇力圆。在一个八拍中，前四拍打地摇绳，后四拍双手抬高，在头顶上方进行高摇绳。

图 11-117　摇绳练习

练习2： 带人跳练习（见 3-118）

练习方法： 跳绳者站立在绳子的中间，摇绳者开始摇绳。在一个八拍中，跳绳者在前四拍随着绳子打地过绳；在后四拍，摇绳者进行高摇绳，跳绳者蹲下，重复进行。

图 11-118　带人跳练习

练习 3：完整练习

练习方法：跳绳者站在绳子中间，随着摇绳者摇绳，跳绳者过绳，跳绳者前四拍正常过绳，待第四拍结束后迅速蹲下，摇绳者进行高摇绳，重复进行。

3.专项体能练习：大闯关

练习方法：教师在起点前放一横排标志桶，让孩子们在通过标志桶的同时尽可能远地跳，在距离标志桶 2.5 米的位置连续放 5 ～ 7 个标志架，让孩子们跳过，快速跑到终点并绕过终点的标志桶后立刻返回，重复进行。

六、赛一赛："抢椅子"

1.比赛方法

将每根跳绳围成圆形后再围成一个大圈，幼儿在大圈外慢跑，音乐停止后迅速抢占跳绳，规定一根跳绳只能站一名幼儿，未占领者视为失败被淘汰，场上剩下的人员继续游戏。

2.比赛规则

绳圈的数量要比幼儿的数量少；音乐停止后才可以抢占跳绳。

3.奖励机制

谁能坚持到最后，谁就成功。

七、评一评

幼儿自己评一评（见表 11-19），本节课可以得到几朵小红花？

表 11-19　小红花评比表

奖励数量	完成要求
三朵小红花	1. 能很好地完成简易交互绳的动作，并且在此基础上，可以有自己的想法，有所创新。 2. 课上参与度高，积极参与并较好地完成各种活动，具有团体意识和合作精神
两朵小红花	1. 较好地完成简易交互绳的动作，掌握后能够几乎无失误地完成两人一绳的练习，失误后能积极改正。 2. 课上参与度较高，积极参与各种活动，对某些难度较高的活动能积极尝试，具有团体意识和合作精神
一朵小红花	1. 不能很好地完成课上所学的简易交互绳的跳绳练习，有多次失误，但是在失误后能积极改正。 2. 课上参与度一般，进行难度较高的活动失败后不再继续尝试

八、课外锻炼：跳绳组合练习

幼儿尝试把所学过的单人跳绳动作组合起来进行跳跃练习，可由简到繁，跳跃 100 下。

九、安全小助手

跳绳之前进行合适的准备活动，活动踝腕关节及肩部，不仅能防止运动损伤，还可以更好地学习跳跃动作。

练习时，注意场地的空间以场地的环境，尽量避免灰尘多、凹凸不平的水泥地，选择平坦、室内体育馆或者有弹性的场地。此外，保证跳跃时有合适的空间。

练习过程中，身着运动装和运动鞋，保证练习时的舒适感及防止关节损伤。

动作视频二维码链接

四人简易交互
绳带人跳练习

课外知识窗　段位制考核

1. 等级分类

（1）段前级：适用人群3～7周岁，设置段前初、中、高级。设速度和花样两个项目。

（2）段位：适用人群8周岁及以上，设置一到九段。设速度、速度耐力、耐力和花样四个项目。

本书主要围绕幼儿跳绳运动开展，所以只针对幼儿段前级进行详细叙述。

2. 幼儿段前考评（见表11-20）

表11-20　段前级速度等级内容

级别	考评标准
初级	30秒无绳纵跳（无绳球）20次及以上
中级	30秒单摇跳（并脚跳）30次及以上
高级	30秒单摇跳（双脚轮换跳）50次及以上

评分办法：

①选择"无绳纵跳""并脚跳""双脚轮换跳"中的一种姿势，确定报考级别。

②初级考试使用无绳球智能跳绳，起跳落下时无绳球智能跳绳在身体两侧旋转360度计数一次。中级、高级使用有绳跳绳，过脚并绕身体一周计数一次，考评成绩达到等级标准及以上为通过（见表11-21）。

表11-21　段前级花样等级内容

动作顺序	初级	中级	高级
1	绳礼	屈膝偏头	上肢运动
2	手腕运动	侧身摆臂后踢腿跳	膝关节运动
3	提踵	击掌后踢腿跳	并脚前后跳
4	全身运动	双手平举开合跳	勾脚点地
5	屈膝运动	双臂屈肘弓步跳	勾脚点地跳
6	跳跃运动	踏步造型	整理运动

续表

动作顺序	初级	中级	高级
7	单手摇绳运动	整理运动	腿部缠绕
8	摇跳运动	并脚跳	并脚跳
9	并脚跳	开合跳	勾脚点地跳
10	弓步运动	并脚跳	左右侧甩
11	侧压伸展	弓步跳	并脚跳
12	结束	整理运动	并脚前后跳
13		绳操	开合、弓步跳
14		结束	整理运动

评分办法：

按照《中国跳绳段位制教学光盘》套路动作及背景音乐进行考评，须一次完整跳出整个套路动作。按照评分细则进行评分，成套完成总分达到 60 分及以上为通过（见表 11-22）。

表 11-22　段前级考评标准与分值

考评标准	分值
1. 动作准确； 2. 动作熟练； 3. 动作与音乐节拍契合	通过（≥ 60 分）
1. 动作严重变形，综合表现差； 2. 动作错误或失误 2 秒以上； 3. 整套动作与音乐节拍均不契合	不通过（< 60 分）

第四部分

儿歌与童谣
——流动的音符

第十二章
幼儿跳绳儿歌与童谣的创编理论

第一节 跳绳儿歌与童谣的内涵

跳绳儿歌与童谣的旋律跟跳绳的动作完美融合，使孩子们在律动中感受节奏的魅力与协调之美。这不仅是一种身体锻炼，更是一种心灵的共鸣。孩子们在每一次跳跃中，仿佛与旋律同舞，这不仅增强了他们的节奏感，也在愉悦的氛围中深化了对音乐的理解。

此外，跳绳儿歌与童谣常常蕴含丰富的教育内容，如基础的数字知识和巧妙的韵律，这些元素潜移默化地引导孩子们掌握语言与数学的基本概念。孩子们在愉快地吟唱这些歌谣时，不仅是在享受乐趣，更是在潜移默化中积累知识，为未来的学习奠定坚实的基础。

跳绳儿歌与童谣更是团结的纽带，紧密联系着孩子们，通过集体的跳动，他们学会了合作与沟通，培养了社交能力，这对他们的成长至关重要。这些歌谣不仅承载了文化传统，还传递了地方特色与历史故事，让孩子们在欣赏中感受到深厚的历史底蕴。

更重要的是，这些儿歌与童谣散发着欢乐的气息，激发了孩子们的想象力与创造力。学习变得充满趣味，孩子们因此更加热衷参与其中。可以说，跳绳儿歌与童谣是孩子成长旅程中不可或缺的一部分，它们陪伴着孩子们一同成长，共同编织美好的童年回忆。

第二节 跳绳儿歌与童谣的特征

一、跳绳儿歌与童谣的旋律特征

1.旋律的简单性与重复性

跳绳儿歌与童谣的旋律通常非常简洁，容易记忆。这种简单性使得即使是年幼的儿童也能轻松学会并唱出这些歌曲。这些旋律往往由短小的乐句构成，乐句之间存在高度的重复性。重复性不仅使旋律易于学习，还为幼儿提供了一种节奏感，有助于他们在跳绳时保持良好的节奏。

2.节奏的活泼与均衡

跳绳儿歌和童谣的节奏通常十分鲜明且活泼。这些旋律多以二分音符或四分音符为主，具备强烈的节奏感，便于孩子们跟随。在跳绳活动中，这种节奏感尤为关键，有助于孩子们调整自己的动作，使其与儿歌中节奏相协调。

3.音域适中

儿歌的音域通常保持在适中的范围，以适应幼儿的发声能力。相较于成人，幼儿的音域较窄，因此跳绳儿歌和童谣的旋律一般设置在一个相对狭窄的音域内，以便幼儿能够舒适地演唱。

4.音调的升降

在跳绳儿歌中，旋律的设计往往包含音调的升降变化，这种变化使得旋律更加悦耳动听且富有趣味。音调的上升通常与歌词中积极、快乐的内容相呼应，而音调的下降则可能与更为平静的内容或结束的段落相匹配。

二、跳绳儿歌与童谣的歌词特征

1.简洁明快的语言

跳绳儿歌和童谣的语言通常简洁、直接，便于理解。这些歌词多采用幼儿易于理解的词汇，避免复杂的句式与晦涩的概念。这种简洁性使得即使是年幼的孩子也能够轻松记忆和复述这些歌词。

2.押韵与对称

押韵是跳绳儿歌和童谣歌词的常见特征。这种押韵不仅使歌词更为悦耳动听，还增强了其节奏感与音乐性。通过押韵，儿歌和童谣形成了独特的韵律，这对于配合跳绳运动的节奏尤为重要。同时，对称的歌词结构也常用来增强旋律的韵律感。

3.富含想象力

跳绳儿歌和童谣的内容通常充满了想象力，常常描绘虚构的场景、人物或故事。这些富有创意的内容不仅能够激发幼儿的想象力，还使这些歌曲变得更加有趣且引人入胜。

4.反映幼儿生活经验

歌词通常与幼儿的日常生活紧密相连，涵盖学校活动、家庭事务以及季节变迁等方面。这些歌词通过呈现幼儿的真实生活经验，帮助他们与现实世界建立联系，同时也为他们提供了探索和学习日常生活的机会。

5.包含教育元素

跳绳儿歌和童谣应融入教育内容，例如数字、字母、颜色和形状等基本概念。这些内容在为幼儿带来娱乐的同时，也发挥了教育作用，助力他们掌握基础知识。

6.体现文化与历史背景

跳绳儿歌和童谣反映了特定的文化和历史脉络。它们可能涉及传统节日、历史事件及民间传说等元素，从而成为文化和历史传承的重要载体。

7.促进社交与互动

跳绳儿歌和童谣常常鼓励社交互动。例如，部分歌词可能包含邀请朋友参与游戏的内容，或描绘与他人互动的场景。这种互动性增强了幼儿之间的社交联系。

8.融入安全与道德教育

跳绳儿歌和童谣的歌词应包含有关安全和道德的教育内容，如基本的道德规范等。这些内容不仅提供了娱乐，还传递了重要的生活知识和价值观。

第三节 跳绳儿歌与童谣的创编原则

一、游戏性

在创编跳绳儿歌和童谣时，游戏性是不可或缺的元素之一。通过设计有趣的歌词和互动元素，可以激发幼儿参与跳绳活动的积极性，使学习过程更具趣味性。幼儿在玩耍中可以学习数字、颜色、形状等基础知识，并发展协调能力。在创作过程中，游戏性可以通过多种形式体现出来，例如，在歌词中引导跳绳动作，使幼儿在演唱的同时能够按照歌词描述的动作进行跳绳，或者在特定的歌词或音符出现时改变跳绳方式，抑或在歌曲的不同部分进行变化。例如角色扮演：在歌词创作中，可以设计一些有趣的角色或情节，鼓励幼儿在歌唱的同时进行简单的角色扮演，以增强游戏的趣味性。总体而言，目标是营造一个积极、有趣且互动的学习氛围，使幼儿在游戏中实现多方面的发展和满足感。

二、适龄性

在创作跳绳儿歌与童谣时，适龄性至关重要。不同年龄段的幼儿在语言能力、理解力以及对音乐和歌词的兴趣与注意力方面存在差异。跳绳儿歌应采用符合目标年龄段儿童理解能力的语言，确保内容易于理解，并能够吸引他们的兴趣，通过趣味性歌词和音乐元素来吸引目标年龄段的注意力。此外，跳绳涉及特定的动作，因此必须充分考虑目标年龄群体的动作协调能力，确保歌词和动作与其生理发展水平相适应。

三、简洁性

简洁性是跳绳儿歌与童谣成功的重要因素之一。简洁有力的歌词有助于孩子们更轻松地掌握和记忆歌曲，使他们在跳绳时能够自如地唱出歌词。使用简单的词汇和结构，使歌词更贴近幼儿的语言水平，更符合他们的口语表达方式。此外，考虑到幼儿的注意力较短，简洁的歌曲能够在有限的时间内传达明确的信息，使孩子们保持兴趣，避免他们失去注意力。最后，跳绳是一项需要良好节奏感的活动，简洁的歌词更易与跳绳动作相协调，确保在跳绳时能够顺畅合拍。简单而富有韵律感的歌曲更能引起幼儿的兴趣，使他们在快乐中享受跳绳的乐趣。

四、教育性

幼儿跳绳的儿歌与童谣用来服务教育实践。在创作过程中，应重视教育元素的呈现，通过编写简洁而生动的歌词，促进幼儿的语言发展与表达能力的提升。创作计数类歌谣，有助于幼儿掌握基础数学概念，如数字顺序与计数等。此外，歌词中应融入与安全相关的内容，例如提醒幼儿在跳绳时关注周围环境，从而增强他们的安全意识。同时，儿歌中还可以涵盖颜色、形状、动物等元素，以传播一定的学科知识。在激励幼儿参与跳绳活动的同时，也体现了教育的最终价值。

第四节　跳绳儿歌与童谣的创作类别

跳绳童谣是一种旋律欢快且歌词简洁的儿歌形式，专门设计用于配合幼儿的跳绳活动。创作跳绳童谣可以围绕不同主题展开，形成多种具体的类别。

一、计数类跳绳儿歌与童谣

此类童谣旨在帮助幼儿学习数数，促进幼儿对数学概念的理解。歌词通常包含数字元素，鼓励幼儿在跳绳的同时进行计数。

二、动作类跳绳儿歌与童谣

这类童谣强调在跳绳过程中进行各种动作，如跳跃、蹲下、举手等。歌词引导幼儿在不同的节奏和旋律中完成相应的动作。

三、主题类跳绳儿歌与童谣

这些童谣围绕特定主题展开，可能涉及季节、节日、动物、植物等。歌词内容与跳绳活动相结合，能使幼儿在跳绳时感受到该主题的乐趣。

四、教育类跳绳儿歌与童谣

这类童谣注重在跳绳过程中传递教育性信息，例如学习字母、颜色、形状等。通过活泼的旋律和歌词，激发幼儿的学习兴趣。

五、合作类跳绳儿歌与童谣

这种类型的童谣鼓励幼儿在团队或合作的环境中进行跳绳活动。歌词中可能包含合唱部分，强调合作与团队精神。

六、创意类跳绳童谣与儿歌

此类童谣鼓励创作者发挥想象力，通过独特的歌词和旋律设计出引人入胜的跳绳体验，内容可以涵盖富有创意的情节和有趣的角色等元素。

七、运动技巧类跳绳童谣与儿歌

这一类型的童谣旨在向幼儿传授基本的跳绳技巧。歌词中可能包含有关交叉跳、双人跳绳等技巧的指导，以帮助幼儿提升跳绳能力。

八、文化传承类跳绳童谣与儿歌

此类童谣可融入地方或特定文化的特色，传承传统的跳绳文化，通过歌词展现当地的风土人情。

以上是部分类别，在创作跳绳童谣与儿歌时，创作者可以根据目的和受众的特点进行个性化定制。无论是着重学习、运动或娱乐，跳绳童谣都是促进幼儿健康发展与学习的有趣工具。

第十三章
幼儿跳绳儿歌与童谣的创编技巧

第一节　选择幼儿跳绳儿歌与童谣的创作主题

童谣是专为幼儿创作的口头短歌，通常具有严格的格律和韵脚，且一般不伴随音乐。童谣在促进幼儿思维智力发展、拓宽视野、丰富知识、训练语言能力及培养道德情操等方面，发挥着其他文学形式难以替代的作用，因此在学前教育和小学教育领域得到了广泛应用。

跳绳儿歌的主题应与孩子们的跳绳动作紧密相关，以激发他们的兴趣。选择一个既有趣又具有教育意义的主题，是成功创作跳绳儿歌和童谣的关键基础。明确主题是所有歌曲创作的第一步。在创编跳绳童谣时，创作者应明确方向，所有内容需围绕主题进行构思，如动物类、数字类、字母类、游戏类、问答类、绕口令及谜语类等。

一、动物类

此类儿歌的主题是各种动物，可帮助幼儿了解动物的名称、特征和习性。通过儿歌的方式，动物形象生动有趣地展现在孩子们面前。可爱的动物是孩子成长过程中不可或缺的"玩伴"，而幼儿歌曲更是他们成长的重要组成部分。此类儿歌不仅拓宽了孩子们的知识面，还提升了他们的思维能力、语言能力和想象力，因此教师和家长应给予充分关注。这类儿歌结合跳绳活动，能让孩子们更好地理解动物主题，而通过生动形象地描绘动物的跳跃动作，又能帮助他们更容易理解和认知动物。同时，这些儿歌也寓教于乐，让孩子们在玩耍的过程中锻炼身体和提高协调能力。

例：《小青蛙跳荷叶》

小青蛙，跳荷叶，呱呱呱，一蹦一跳好玩耍。

小青蛙，跳荷叶，呱呱呱，连蹦带跳笑哈哈。

一二三，跳过去，三二一，克服困难还继续。

二、数字类

数字歌是一种专为儿童创作的短诗，强调韵律，广泛运用古老文化中的成语，经过精心加工形成诗歌。其特点是易于理解且富有吸引力。此外，某些段落适合学龄前儿童背诵，有助于孩子更好地理解和记忆。数字歌在幼儿中极为流行，因为幼儿学语后即进入关键的教育阶段。

孩子出生后，大脑会迅速发展，吸收能力也十分强大。因此，为了促进孩子的大脑更好地成长、拓宽认知面、提升能力，需要为他们创造丰富多彩的学习机会和益智环境。通过数字的形象描绘，向他们传授一些历史和生活常识，有助于培养幼儿的思维能力。数字歌以数字为基础，结合跳绳运动的特点进行编排，既便于学习，又生动有趣。同时，可使通过儿歌的形式，可使幼儿对数字的理解更加深入。

例：《跳跳跳跳不停息》

一二三四五六七，跳跳跳跳不停息。

一二三四五六八，像只小鸟飞跃呀。

一二三四五六九，跳跃之间乐无忧。

一二三四五六七八九，跳过障碍如水流。

三、字母类

幼儿的认知能力是学习的重要手段，因为他们的大脑尚未完全发育，可通过儿歌的形式，让幼儿在节奏中识别字母。学龄前儿童的英语水平会随着年龄的增长逐步提升，因此，父母不必在孩子还处于"小班"阶段时就急于让他们掌握大量英语词汇，而应注重培养他们对英语的兴趣。

字母类儿歌的优点是能够提高幼儿的学习兴趣，使其提前接触到英语。英文字母简洁方便，也能更好地与跳绳动作相结合，不仅提高幼儿提前接触英文的能力，也能通过跳绳提高幼儿的身体敏感性与身体协调能力。将每个字母都对应一种动作或跳跃方式，使幼儿通过不断地练习和尝试，逐渐掌握更多的跳绳技巧和动作。同时，这些儿歌也可以帮助孩子们更好地理解和记忆字母的形状和发音，提高他们的语言和认知能力。

例：《ＡＢＣＤＥＦＧ》

ＡＢＣＤＥＦＧ，一摇一跳很容易；

HIJKLMN，两摇一跳好费力；

OPQRST，跳出花样笑嘻嘻；

UVWXYZ，熟能生巧跳得快；

XYZ，Now you see，学会跳绳懂技艺；

I can say my ABC，字母帮我长身体。

四、游戏类

游戏歌通过幼儿在玩耍时边唱边动，将内容与游戏动作紧密结合，并融入一定的故事情节。它通常采用对唱或合唱的形式，以优美的旋律和节奏来引导每个人的动作，使孩子们的每一次举手投足都与音乐相协调，让童谣的韵律在其中交织，伴随着欢声笑语，热闹非凡。

以游戏作为歌词开头能够更有效地吸引幼儿的注意力。游戏类童谣不仅能够提升幼儿的娱乐和思维能力，还能增强他们对跳绳学习的兴趣，帮助孩子们在玩耍中掌握跳绳技巧，同时锻炼他们的协调性和节奏感。

例：《小鸡小鸡跳跳绳》

小鸡小鸡跳跳绳，跳来跳去笑盈盈。

一二三四五六七，跳过绳子笑嘻嘻。

小脚小脚踩踩踩，跳绳游戏真欢快。

一二三四五六七，小脚踩得快又齐。

小手小手抓抓抓，跳绳儿歌快来唱。

一二三四五六七，小手抓得真有力。

小手小脚拍起来，跳绳游戏乐趣多。

一二三四五六七，拍得声响又整齐。

五、问答类

问答歌是一种以一问一答的形式来叙述事件，反映人生的童谣。回答问题需要动脑筋，因此，问答歌能够启发孩子们的思维，促使他们关注各种事物，帮助他们了解这个世界。回答问题的方式多种多样：可以是一个人独自回答，也可以是一个人针对多个问题，或者几个人共同回答。在许多问答歌曲中，提问与回答的内容会不断扩展，提问者不断发问，而回答者则重复回应，直到被提问或无法作答。

这类儿歌主题鲜明，能充分调动幼儿的思维模式和逻辑思维能力。问答类儿歌可以帮助孩子们在玩耍中学习跳绳，同时也可以锻炼他们的协调能力和节奏感。

例：《什么好》

什么好？公鸡好，公鸡喔喔起得早。

什么好？小鸭好，小鸭呷呷爱洗澡。

什么好？小羊好，小羊细细吃青草。

什么好？小兔好，小兔玩耍不吵闹。

六、绕口令

绕口令是一种比较独特的游戏儿歌，它不仅具有普通的童谣所具有的语言精练、有韵律、有节奏、读起来顺口好听、易于熟读背等特性，而且刻意采用了几个近似音，读起来不仅顺口，而且诙谐幽默，非常适合处于语言发展关键期的幼儿诵读。它不仅能提高幼儿的语音水平，同时也能充实幼儿的语文知识，培养幼儿的道德情操，为幼儿增添情趣。

这些绕口令儿歌具有鲜明的跳跃特点，在寓教于乐的同时锻炼了孩子的身体协调能力。绕口令儿歌可以帮助小朋友们在玩耍中学习跳绳的技巧，同时也培养他们的节奏感和韵律感。这些绕口令儿歌形式简单易懂，而且容易跟唱和传唱。

例：《小猪》

小猪扛锄头，吭哧吭哧走。

小鸟唱枝头，小猪扭头瞅，

锄头撞石头，石头砸猪头。

小猪怨锄头，锄头怨猪头。

跳绳跳绳真好玩，小朋友们笑开怀。

绳子绕来又绕去，大家快乐满心怀。

七、谜语类

谜语歌把事物的名字隐藏起来，以民歌的形式和艺术技巧，把事物的形状、色调、性质、功能等特征表现出来，让人们猜个不停。它运用寓意的方法，将谜底和谜面的关系进行有机结合，用歌谣的方式来叙述现象或事物的特点，把猜谜作为一种有文学趣味的、有益的智力活动，能够给孩子们传授一些知识，歌曲中的语言精确而生动，形象有趣，也有助于幼儿的语言发展。跳绳游戏是一种有趣的益智游戏。通过对幼儿进行猜谜游戏，对幼儿的分析、归纳、推理、判断等能力有一定的促进作用，对幼儿的记忆力、想象力和联想能力也有一定的促进作用。

例:《绳子空中舞》

绳子空中舞,节奏轻快吐。谜语连连猜,快乐大无边。

绳子舞动间,谜语猜破天。跳一跳,猜一猜,欢乐嗨嗨嗨。

第二节　跳绳儿歌歌词的创作技巧

这个环节是幼儿跳绳童谣创编环节中最难也是最关键的一步。构思写作时,首先要充分考虑句式结构、整体结构、押韵等问题;其次要选择合适的表现手法,幼儿跳绳歌词的写作既要充满想象力,又要符合幼儿的语言特点和心理特点;再次,语言要尽可能地风趣幽默,让幼儿喜欢,这样才能更好地吸引幼儿,从而易唱易学,同时也能使幼儿更好地搭配跳绳动作。在创编幼儿跳绳儿歌歌词时可以从以下几个方面进行考虑:

一、主题鲜明

主题歌词的重要性不言而喻,因此选择何种类型的主题歌词是作者首先应该考虑的问题。幼儿跳绳儿歌歌词要主题鲜明,歌词形象生动,充满童趣。可以运用比拟手法,将事物拟人化,更能鲜明地突出主题特点;也可以运用排比法,更能强化儿歌的主题,增加幼儿的兴趣与记忆。

二、使用简单的词汇和技巧

儿歌的歌词应该使用简单易懂的词汇和句子,结构要简练,内容要单一,符合孩子们的语言和理解能力,避免使用复杂的词汇或长句子,避免使用生词,这样孩子们更容易理解和记忆。使用简单词汇能让孩子更容易与跳绳动作相结合。

三、编写重复的歌词

重复的歌词是儿歌的一大特点,能够帮助孩子们加深记忆和理解。通过重复的歌词,孩子们可以更轻松地学会歌曲,也能增加他们的自信心。重复歌词的节奏也能更好地与跳绳运动相融合,使幼儿跳绳动作与音乐更加融洽。

四、押韵

为了增加歌曲的节奏性和趣味性,可以使用押韵的方式,使歌词更加易于演唱与记忆。使用押韵的句子结构,旨在鼓励孩子们参与跳绳运动,并从中获得乐趣和健康。通过重复的节奏和押韵的词语，它易于记忆和演唱，适合幼儿在户外活动时一起吟唱。

第三节　跳绳儿歌曲调的创作技巧

这个环节是幼儿跳绳儿歌创编的最后一步。这个阶段就是要将写好的跳绳童谣歌词谱曲，使其成为一首儿歌，以便于吟唱。在为歌曲谱写这一部分之前要注意整体构思，整体构思指的是在歌曲创作之前对作品进行总体设计和布局。

一、主题音调

主题音调是歌曲写作的起始部分，在歌曲写作中起着重要作用，直接决定受众对整体歌曲的印象，若在之前没有进行主题音调的整体构思，瞻前不顾后，就会产生词不达意、脱节的现象。这样就很难写好一首幼儿歌曲，更谈不上使歌曲达到形象塑造和意境的刻画等较高的艺术美感要求了。

二、节奏和韵律

童谣歌词的语言节奏从某些方面来讲是对日常生活语言节奏进行改造后形成的，又因为歌词自身的结构和声韵特点已经赋予了歌词艺术性，所以童谣歌词是高于生活的艺术品，只要稍作加工，就能具有生动的表现力。儿歌需要有明快的节奏和易于记忆的韵律。可以使用简单的韵律模式，比如"AABB"或"ABAB"，以确保每一行歌词的音节和节奏相匹配，这样孩子们更容易跟随并做出相应的跳绳动作。

三、注重旋律和音调

幼儿歌曲的旋律常常以单纯音符或单纯节奏为主，偶尔加入其他音符或简单的节奏变化，因而其整体节奏格局比较统一。创编童谣时不可使用随意化的音乐材料，否则容易形成大杂烩歌曲。儿歌的旋律应该简单明快，易于哼唱。选择一些简单的音符和音调，可使孩子们更容易跟随和模仿。可以利用一些简单的乐器伴奏以增加音乐的趣味。

四、利用现有的儿歌旋律进行改编创作

利用现有的儿歌旋律进行改编创作也是一种方法。可以选择一首熟悉的儿歌

旋律，保留旋律的基本结构，在其基础上创作新的歌词内容。这样既保留了孩子们熟悉的旋律，又带来了新的歌词和意义，也能帮助孩子更好地记忆与理解，更好地激发起幼儿跳绳的积极性与趣味性。

五、深刻理解歌词

创作者在选定一首童谣作为幼儿歌曲创作的基础之后，首先应朗读歌词，熟悉其句式结构、韵律、表现内容、基本情绪以及歌词的风格特点等基本内容，深刻把握歌词的主题思想和基本基调，并且通过情绪产生立体的歌曲形象。这是将文学作品转为音乐作品的必经之路，只有这样才能升华歌曲的主题，也只有这样才能写出打动人心的旋律。

第十四章

幼儿跳绳儿歌与童谣的创编集锦

第一节　动物类跳绳儿歌与童谣

一、《小松鼠》

小松鼠，快快跳，
树林里面果果找。
转一圈，跳一跳，
看谁找得快又好。

二、《小猴跳》

小猴子，真灵活，
跳绳上面跟头过。
一跳二跳乐逍遥，
跳得忘了早回家。

三、《小小鱼》

小小鱼，游啊游，
钻绳就像细水流。
快乐泡泡不停冒，
一起跳到天明喽。

四、《小兔子，乖乖乖》

小兔子，乖乖乖，
跳起绳来真欢快。

呼朋唤友一起来，
跳到月亮挂天海。

五、《小熊跳》

小熊摇摇，快乐跳跳，
一起数数更荣耀，
一二三，摸摸脚，
四五六，手举高，
低头跳，抬头跳，
变化无穷真是好。

六、《小猫跳》

小猫咪，软软脚，
跳进绳中扭腰腰。
左跳跳，右跳跳。
轻松跟着节奏跳。

七、《小青蛙跳荷叶》

小青蛙，跳荷叶，
呱呱呱，不停歇。
一二三，跳左边，
四五六，往上够，
七八九，右边游，
跳起来，无忧愁。

八、《小兔子跳高高》

小兔子跳高高，
一跃而过真灵巧。
小兔子高高跳，
连续不停真奇妙。

九、《小松鼠绳儿跳》

小松鼠绳儿跳，
尾巴跟着摇啊摇，

灵活自如真不孬。

小松鼠绳儿跳，

一上一下真奇妙，

健健康康身体好。

十、《小猴子翻跟斗》

小猴子，翻跟斗，

转一圈，低空游。

小猴子，翻跟斗，

转两圈，绳上走。

小猴子，翻跟斗，

转三圈，嗖嗖嗖。

边跳绳，边跟斗，

绳中翻转吸眼球！

十一、《小猫咪跳绳儿》

小猫咪，跳绳儿，

一上一下真有趣。

一起跳绳乐趣多，

身随绳动真灵活。

小猫咪，跳绳儿，

一左一右更有趣。

一起跳绳伙伴多，

运动起来找自我。

十二、《小狗小狗快快跳》

小狗小狗快快跳，

跳得快了有好好。

一二三四五六七，

跳绳就是做游戏。

大家一起跳起来，

高高兴兴乐开怀。

小狗小狗快快跳，

跳得慢了不能要。
七六五四三二一，
欢乐游戏刚开始。

十三、《小鸟小鸟展翅飞》

小鸟小鸟展翅飞，
绳上绳下笑微微。
你跳我跳大家跳，
飞转的绳儿都想要。
小鸟小鸟展翅飞，
跳起绳来谁最美？
你美我美全都美，
跳绳的鸟儿展翅飞！

十四、《小猪小猪爱运动》

小猪小猪爱运动，
一跳二跳乐无穷。
我们一起跳起来，
灵活身姿最自在！
小猪小猪爱运动，
跳来跳去乐无穷。
大家一起来跳绳，
比快比高真英雄！

十五、《小马小马快快跑》

小马小马快快跑，
彩虹桥下乐跳跳。
今天是个好日子，
快乐跳绳刚开始。
小马小马快快跑，
绳上绳下乐逍遥。
轻轻一跃过了河，
快乐运动属于我。

十六、《动物们跳起来》

小兔子跳跳跳，大长耳朵摇摇摇。

小松鼠跳跳跳，摆头摇尾绳儿摇。

小猫咪跳跳跳，咪咪咪咪真是好。

小狗狗跳跳跳，汪汪汪汪尾巴摇。

小鸟儿绳儿跳，翅膀扇扇眼儿睛。

小猴子绳儿跳，蹦来蹦去尾巴翘。

小小象绳儿跳，鼻子长长不动摇。

小狐狸绳儿跳，轻轻松松向上跃。

小鱼儿绳儿跳，龙门穿越继续跳。

小青蛙绳儿跳，小腿蹬蹬快速摇。

小乌龟绳儿跳，低点慢点无烦恼。

小蝴蝶绳儿跳，翩翩起舞乐逍遥。

第二节　数字类跳绳儿歌与童谣

一、《跳跳跳跳不停息》

一二三四五六七，跳跳跳跳不停息。

一二三四五六八，大家一起数数吧。

一二三四五六九，朋友跳绳一直有。

一二三四七八九，我们友谊长久久。

二、《跳绳乐趣多》

一二三四五，跳好绳儿要吃苦。

二三四五六，跳起绳来无忧愁。

三四五六七，跳绳就像爬楼梯。

四五六七八，跳绳坚持啥不怕。

五六七八九，天天跳绳乐无忧。

六七八九十，数数跳绳真有趣。

三、《跳绳比赛我最行》

一二三四五六七，跳绳比赛我第一。

一二三，三二一，跳跳跳跳不停息。

一二三，一二三，跳过绳子不一般。

一二三四五，跳绳大比武。

一二三四五六七，跳过绳子真神奇。

一二三，三二一，绳子摇动不停息。

一二三四五，绳子如风舞。

四、《快乐的运动在身边》

一二三，四五六，七八九，快乐运动一直有，

一二三，四五六，七八九，大家一起扭一扭，

一二三，四五六，七八九，我们一起跳着走，

一二三，四五六，七八九，快乐运动绳中有。

五、《数字歌》

数字儿，真奇妙，

会唱歌，蹦蹦跳。

一二三，跳向前，

四五六，跳向后。

七八九，欢声有，

数到十，都到齐。

六、《一起跳绳真有趣》

一二三四五六七，一起跳绳真有趣，

一二三四五六七，快乐运动在一起，

三四五六七八九，跳过绳子向前走，

数字变换真神奇，跳绳数数更有趣。

七、《数小兔》

一只小兔跳高高，跳过绳儿抿嘴笑。

两只小兔蹦蹦跳，欢快旋律轻松跑。

三只小兔绳中绕，轻轻松松真奇妙。

四只小兔跳又摇，合作愉快乐趣高。

八、《数数歌》

一、二、三，一起摇绳来看看。

四、五、六，进绳跳跳像小猴。

七、八、九，跟着跳绳轻松走。

九、八、七，熟练跳绳真容易。

九、《数字跳绳梦》

一直一，交替跳绳不停息，

二连二，技术熟练真不易。

三三四，跳出自信夸自己，

五六七，精彩呈现提人气。

八九十，追求完美永无日，

十一二，梦中绳舞变现实。

十、《跳一跳》

跳一跳，笑一笑，

跳绳快乐天天到。

一二三，四五六，

天天跳绳乐无忧。

十一、《数字欢唱跳绳歌》

一二三，绳中钻，

四五六，绳外走。

七八九，欢歌有，

十一二，解解气。

十二、《绳子轻轻摇》

小手轻轻摇，绳子真奇妙，

一二三四五六七，大家一起跳小溪。

绳子摇啊摇，摇到外婆桥，

我们跳啊跳，真的好奇妙。

十三、《跳个不停乐悠悠》

一二三四五六七，跳个不停乐悠悠。

手臂手腕轻轻摇，脚丫脚丫轻轻跳。

开心快乐跳与摇，锻炼身体真是好。

小朋友们一起来，跳绳游戏真好玩。

十四、《让我们一起来跳绳》

一二、一二、一二一，跳绳健身壮身体。

一二、一二、一二三，快乐伴童年，开心永远驻心间。

一二、一二、一二一，跳绳游戏不停息。

一二、一二、一二三，朋友在身边，合作跳绳乐无边！

第三节　字母类跳绳儿歌与童谣

一、《JUMP》

ABCDE, JUMP JUMP JUMP, ROPING ME.
PQRST, YOU CAN JUMP ME.

二、《C 的追逐乐章》

一起来追逐，C 唷 C 唷，

跳呀跳，像只小猫咪。

跟随着旋律，圈呀圈呀，

C 的欢笑，荡漾在空间。

三、《跳过 D 字绳》

D 字绳，D 字绳，跳过它，像兵营。

我们一起跳，参与游戏真热闹。

四、《字母乐陶陶》

A 小姐，蹦蹦跳，

B 先生，跟着摇。

C 孩童，组队到，
W 观众，都叫好，
一起来跳绳，字母乐陶陶。

五、《字母之歌》

跳过字母大舞台，
就像学步小小孩，
A、B、C，直到 Z，
都是跳绳小战神，
跳呀跳，欢乐闹，
字母之歌人人要。

六、《字母乐园》

D 小狗，蹦蹦跳，
E 小猫，也来叫。
F 小鸟，绳上绕，
字母乐园，乐不少。

七、《ABCD》

A 是一个小尖尖，跳起跳落真简单。
B 像一个小耳朵，跳跃旋转轻松过。
C 像小船向前行，脚尖脚尖跳不停。
D 像嘴巴偷偷翘，跳上跳下步步高。

八、《跳跃 E 字母》

E 字母，E 字母，跳跃起来像老虎。
左跳跳，心跳加速，右跳跳，气喘吁吁。
上跳跳，风雨无阻，下跳跳，脚下敲鼓。
左右摇摆手足舞，表现最佳 E 字母。

九、《H 的轻松旋律》

H 呀 H 一起嗨，跳绳轻松快，
I 也来蹦一蹦，大家齐开怀。
J 跳得最高高，K 来了更出色，

L 快乐绕，跟着 H 幸福每一秒。

十、《欢快节奏》

A, B, C, 跳啊跳，
D, E, F, 快乐摇。
G, H, I, 看我飞，
J, K, L, 抿嘴笑。

十一、《HIJKL》

H 像双臂上举，跳起来更有力。
I 像小棍直立，跳起来更容易。
J 像一把钥匙，旋转跳跃有灵气。
K 像双手上下举，轻轻一跃就跳起。
L 像一只小手指，又摇又跳惹人迷。

第四节　游戏类跳绳儿歌与童谣

一、《小老鼠》

小老鼠，穿绳跳，上上下下乐陶陶，
捉迷藏，过障碍，小鼠跳绳本领高。

二、《红色球与蓝色球》

红色球儿手中拿，蓝色球儿看脚下，
跳跳跳，跳跳跳，锻炼身体真重要。

三、《小兔儿与小龙人》

小兔儿，跳绳儿，一蹦一跳真开心，
红眼睛，白肚皮，小兔跳绳真有趣。
小龙人，跳绳歌，翻翻滚，跳跳乐，
翻两圈，跳两下，小小龙人啥不怕。

四、《小脚丫》

小脚丫，踏绳彩，一前一后真可爱，
轻轻踏，稳稳跳，脚丫过绳人人要。

五、《小鸡小鸡跳跳绳》

小鸡小鸡跳跳绳，跳来跳去笑盈盈。
一二三四五六七，跳过绳子天边去。
小脚小脚踩踩踩，跳绳游戏就是嗨。
一二三四五六七，小脚踩得快又齐。
小手小手抓抓抓，跳绳儿歌顶呱呱。
一二三四五六七，小手抓得真有力。
小手小脚拍起来，跳绳快乐又开怀。
一二三四五六七，拍得音大还整齐。

六、《小兔小鱼》

小兔小兔跳一跳，跳绳游戏乐陶陶。
一二三四五六七，小兔跳得真帅气。
小鱼小鱼游游游，跳绳游戏真自由。
一二三四五六七，小鱼游得真如意。

七、《跳拍歌》

你跳一、我跳一，一个宝宝开飞机。
你跳二、我跳二，两个宝宝梳辫子。
你跳三、我跳三，三个宝宝去爬山。
你跳四、我跳四，四个宝宝学认字。
你跳五、我跳五，五个宝宝敲锣鼓。
你跳六、我跳六，六个宝宝吃石榴。
你跳七、我跳七，七个宝宝做游戏。
你跳八、我跳八，八个宝宝吹喇叭。
你跳九、我跳九，九个宝宝是朋友。
你跳十、我跳十，跳绳健身不挑食。

八、《草地上的小跳蛙》

草地上的小跳蛙，弹跳自由呱呱呱，
左脚一跳右脚下，绳子转动不会怕，
小跳蛙儿跳呀跳，欢声笑语绕绕绕，
我们跟着蛙儿跳，一起来玩跳绳好。

九、《小挚友》

一个小挚友，自己跳绳走，
碰见大石头，栽个大跟头；
两个小挚友，牵绳摇着走，
路上见了面，迅速点点头；
三个小挚友，绳中跳着走；
四个小挚友，跳绳又招手；
五个小挚友，绳中穿越走；
六个小挚友，抢绳像圆球；
七个小挚友，绳中嬉戏游；
八个小挚友，满场跳着走；
九个小挚友，花样全都有；
十个小挚友，跳绳集体走。

第五节　问答类跳绳儿歌与童谣

一、《谁来和我一起跳？》

绳子轻轻摇，脚步轻轻跳，谁来和我一起跳？
我跳，我跳，你来和我一起跳！
绳子快快摇，脚步快快跑，谁来和我一起跑？
我跑，我跑，我们一起跑！
绳子高高举，脚步高高跳，谁来和我一起举？
我举，我举，我们一起举！
绳子轻轻绕，脚步轻轻绕，谁来和我一起绕？
我绕，我绕，我们一起绕！

二、《绳子轻轻摇》

绳子轻轻摇，脚步轻轻跳。
都是谁来跳？好友邀一邀！
我们一起玩，绳子上下翻。
绳子摇起来，脚步跳起来。
跳绳为什么？谁能告诉我？
健康快乐多，心情还愉悦！
大家一起跳，烦恼都跑掉。

三、《小朋友们一起来跳绳》

小朋友，跳绳玩！
健康问题谁来谈？
你问我答唱首歌！
跳绳好处有几多？
跳一跳，健康到，厌食疾病都跑掉！
坚持跳，能增高，幼儿孩童都需要！
持久跳，心肺好，耐力提升供氧高！
花样跳，协调好，四肢灵活身材俏！
集体跳，团结到，相互信任配合好！
你来跳，我来跳，跳绳孩子身体好！

四、《季节问答跳绳歌》

春暖花开谁最棒？
跳绳孩子是榜样。
夏日火热谁最行？
跳绳出汗笑盈盈。
秋日硕果谁结出？
坚持跳绳健康入。
冬日严寒如何抵？
天天跳绳做游戏。
一年四季如何跳？
速度花样都得要。
只要坚持天天跳，

健康身体自然好。

五、《小动物问答跳绳歌》

狗狗为啥汪汪叫？

它想把绳一起跳。

猫咪为啥咪咪叫？

它也想把绳儿跳。

小鸟为啥叽叽叫？

它飞跃绳儿还要跳。

小动物们快快跑，

跑到一起绳儿跳，

你来跳，我来跳，大家一起真热闹。

六、《七彩音符》

谁会跳出快乐的音符？

我们会，我们会，音符就在我们的脚下飞。

谁能唱出彩虹的颜色？

我们能，我们能，头上脚下有七彩的跳绳。

第六节　绕口令类跳绳儿歌与童谣

一、《扁担长》

扁担长，板凳宽，扁担没有板凳宽，板凳没有扁担长。

扁担绑在板凳上，板凳偏要绑扁担，扁担偏要绑在板凳上。

跳绳跳得高，绳子绕来绕。

扁担摇板凳绕，板凳摇扁担绕。

扁担摇得比板凳高，板凳跳得比扁担高。

是扁担摇得高，还是板凳跳得高，小朋友们快来绕一绕。

二、《四与十》

四是四，十是十，十四是十四，四十是四十。

十不能说成四,四也不能说成十。
十四来摇绳，四十跳不成，
四十来摇绳，十四跳不动，
十四怨四十,四十怨十四，
问题出在哪，谁来试一试，
小朋友评评理，怨四十还是怨十四，
我来试一试，跳跳便会知。

三、《跳跳绳》

石狮寺有四十四只石狮子，
四十四只石狮子吃四十四只湿紫柿子。
石狮子跳绳四十四，
紫柿子跳过石狮子。
石狮子不服紫柿子，
紫柿子不让石狮子。
跳绳四十四是石狮子，
跳过四十四是紫柿子。
不服就再来比一比，
是石狮子赢过紫柿子，
还是紫柿子胜过石狮子？
小朋友，试一试，学学石狮子还是紫柿子。

四、《小绳儿，手中摇》

小绳儿，手中摇，脚下滑，向前跳；
一次两下真奇妙，锻炼身体最重要。

五、《种葫芦》

胡家小胡种葫芦，
胡家小葫芦开了白花结了瓢，
胡家葫芦棚里小葫芦来回摇，
胡家葫芦娃忙着摘瓢吃葡萄。
个矮够不着，先来跳一跳。

六、《小郭捉鸽》

小郭捉鸽，小葛捉鸽，小郭领着小葛捉小葛爱吃的鸽；

小葛捉完鸽，小郭数鸽，数数数出一共十五只鸽；

小葛去跳绳，小郭放跑了鸽；

小郭急忙喊小葛，蹦蹦跳跳去捉鸽；

锻炼好身体，快乐又健康。

七、《山前有只虎》

山前有只虎，山后有只猴。

山前虎要撵山后猴，山后猴要斗山前虎。

不知是山前虎撵了山后猴，

还是山后猴斗倒了山前虎。

小朋友，快快喊，跟着山后猴山前虎跳绳玩。

山后猴跳哭了山前虎，山前虎跳过了山后猴。

大家成了好朋友，快快乐乐跳绳走。

八、《毛毛跳马到巴卡家》

毛毛跳马到巴卡家，巴卡骑马翻笆杈，

毛毛骑马巴卡下，巴卡骑马毛毛跨。

毛毛巴卡骑完马，马缰在手当绳耍。

绳儿转呀转，毛毛巴卡笑开颜，

跳过绳儿似神仙，好像小鸟飞上蓝天。

跳绳跳得欢，绳子上下翻，毛毛巴卡像过年。

九、《摇啊摇》

摇啊摇，摇到外婆桥；

拿起小绳儿，快乐跳一跳；

锻炼身体好，幸福永久要。

跳绳跳得高，绳子绕啊绕，

要想快乐多，坚持摇啊摇。

第七节　谜语类跳绳儿歌与童谣

一、《小小绳儿手中拿》

小小绳儿手中甩，一蹦一跳真欢快。
跳过谜语一条街，你问我答乐开怀。
小小绳儿手中拿，上下翻飞乐哈哈。
跳来跳去还翻花，锻炼身体人人夸。

二、《绳子软绵绵》

绳子软绵绵，跳跃乐无边，
锻炼好身体，健康每一天。
绳子轻轻摆，跳跃乐开怀，
跳出健康来，童年真精彩。
绳子像彩虹，跃起像飞鹰，
欢乐在绳间，健康永不变。
绳子轻轻摇，跳跃开颜笑，
每天跳一跳，健康不能少。

三、《细绳轻舞似彩带》

细绳轻舞似彩带，
跳跃欢乐满心怀，
每天跳绳好处多，
身体健康心愉悦。
绳儿摇摆跃起舞，
欢声笑语受鼓舞，
跳绳运动真不错，
健身健心靠自我。

四、《细绳轻轻摆》

细绳轻轻摆，心境似观海。
欢乐共分享，跳绳好时光。

绳儿轻轻摆，我们跳跃来。
猜谜乐无穷，童趣真精彩。

五、《绳子空中舞》

绳子空中舞，节奏似打鼓。
谜语连连猜，花样跳得嗨。
绳子舞动间，谜语猜破天。
跳一跳，猜一猜，欢乐更精彩。

六、《绳儿飞舞起》

绳儿飞舞起，我们跳绳艺。
谜语藏其中，快乐向前冲。
绳子在旋转，笑声连成片。
谜语猜猜猜，跳绳嗨嗨嗨。

七、《绳儿轻轻摇》

绳儿轻轻摇，我们跳高高。
谜语你来猜，快乐在心怀。
绳子如彩虹，跳跃在其中。
谜语云中行，飘浮在天空。

八、《绳儿跃动间》

绳儿跃动间，谜语口中念。
欢乐知多少，绳趣在蔓延。
绳子轻盈舞，谜语欢声吐。
童真哪里有？绳中猜谜凑。

第十五章

幼儿跳绳儿歌与童谣的传播及发展

第一节　幼儿跳绳儿歌与童谣的传播

一、借助多渠道传播

多渠道传播是跳绳儿歌及童谣的传播与发扬的重要手段。数字媒体，尤其是社交媒体和视频平台，为跳绳儿歌的传播提供了强大的支撑。通过在抖音、微博等新媒体平台上创建专属话题，如"快乐跳绳挑战"，可以吸引更多的年轻家长和幼儿的注意力。例如，通过制作一系列教学视频，展示如何结合儿歌进行跳绳，同时教授基本的跳绳技巧，从而增加跳绳儿歌与童谣的传唱度。这种多渠道传播的策略不仅能够提高跳绳儿歌的可见度，还能够促进亲子互动，增强儿童的身体素质和语言表达能力。通过社交媒体的传播，家长和孩子们可以分享他们的跳绳视频，形成一种积极的社群氛围。这种参与感和归属感能够有效调动家长的积极性，使家长愿意在家庭中持续推广跳绳儿歌，让孩子们在轻松愉快的氛围中学习和锻炼。

此外，数字媒体平台的互动性使跳绳儿歌的传播不仅仅是单向的信息传递。家长和孩子可以在平台上进行评论、点赞和分享，这种互动能够激发更多的创意和内容生成。例如，孩子们可以根据跳绳儿歌的旋律创作自己的跳绳方式，或者根据自己的生活经验修改歌词，从而增强他们的创造力和语言表达能力。这样的参与不仅丰富了跳绳儿歌的内容，也使这些文化元素更加贴近当代儿童的生活。

在推广过程中，结合地方文化特色的跳绳儿歌能够吸引特定地区人群的注意力。通过与地方教育机构或文化团体合作，可以挖掘和创作具有地方特色的跳绳儿歌，进而形成更具地方文化认同感的传播内容。这种多样化的内容能够帮助儿童在享受跳绳乐趣的同时，了解和传承本地区的传统文化，增强他们的文化自信。

同时，利用数据分析工具，可以对社交媒体上的传播内容进行实时监测和评估。通过分析哪些类型的跳绳儿歌更受欢迎，家长和创作者就可以更好地调整内容策略，制作出更符合目标受众需求的作品。这种基于数据的反馈机制，不仅能够提高内容的针对性，还能够促进内容的多样化和创新性，从而推动跳绳儿歌与童谣的持续发展。

随着教育理念的不断更新，越来越多的家长开始重视儿童的全面发展，而不仅仅是关心学业成绩。跳绳作为一种简单易行的运动，配合儿歌的韵律和节奏，可以在锻炼身体的同时，培养儿童的音乐感知能力和节奏感，对语言学习和心理发展都有积极的促进作用。因此，在推广跳绳儿歌的过程中，推广者可以结合幼儿园和小学的课程，设计相应的教学活动，使跳绳与音乐、语言等学科有效融合，形成跨学科的学习体验。

总之，多渠道的传播手段为跳绳儿歌的传播与发扬提供了广阔的空间，促进了儿童文化的多元化和丰富性。通过数字媒体和社交平台的互动，跳绳儿歌不仅能在当代儿童中得到新的生命力，更能在未来的文化传承中扮演重要角色。为了实现这一目标，家长、教育工作者和社会各界应共同努力，利用丰富的资源和手段，推动跳绳儿歌的普及与推广，让这一传统文化在新时代焕发新的活力。

二、借助家庭环境的氛围

家庭是幼儿成长的第一环境，家长对幼儿的影响不容忽视。鼓励家长参与幼儿的跳绳活动，不仅可以增进亲子关系，还能让家长和幼儿共同传承这一传统文化。在家庭环境中，家长的参与不仅能提高幼儿对跳绳活动的兴趣，还能在无形中为幼儿树立榜样。通过参与跳绳活动，家长不仅展现了积极的生活态度，还传递了运动的重要性。这种影响在幼儿的心智发展中起着关键作用，家长的参与可以增强幼儿的自信心和社交能力。在亲子共同跳绳的过程中，幼儿培养了合作意识，学会了沟通技巧，这些都是他们在未来社交生活中必不可少的素养。

此外，跳绳作为一种传统文化的载体，蕴含着丰富的历史和文化内涵。家长在参与的同时，可以向幼儿讲述跳绳的起源、发展及其在不同文化中的表现，从而培养幼儿的文化认同感和对传统的尊重。这种文化传承不仅有助于增强家庭成员的凝聚力，还能让幼儿在潜移默化中形成对传统文化的热爱。

再者，鼓励家长参与幼儿的跳绳活动还有助于家庭形成健康的生活方式。随着现代生活节奏的加快，很多家庭逐渐忽视了户外运动的重要性。通过跳绳等简单易行的活动，家长和幼儿能够共同享受运动带来的乐趣，形成良好的生活习惯。这样的亲子活动不仅有利于身体健康，也有助于心理健康，减轻了现代社会中普遍存在的生活压力和焦虑感。因此，家庭在幼儿成长中所扮演的角色，特别是在促进健康和文化传承方面，显得尤为重要。

1. 大手牵小手

设计亲子跳绳儿歌活动，鼓励家长与孩子一同参与（大手牵小手），增强家庭间的互动和跳绳儿歌的传承。在设计亲子跳绳儿歌活动时，我们不仅要关注游戏本身的趣味性，还需考虑其在家庭互动中的深远意义。通过这种亲子活动，家长与孩子之间的关系能够得到进一步巩固。跳绳作为一种传统的儿童游戏，承载着丰富的文化，而儿歌则是传递这种文化的重要载体。通过合唱儿歌，家长既可以与孩子共享欢乐的时光，又能在潜移默化中传递传统文化的价值观。

此外，跳绳儿歌活动也能促进孩子的身体发展与协调能力。在活动中，孩子在家长的引导下，不仅能学到跳绳的技巧，还能在培养节奏感的过程中提升运动能力。家长的参与能够有效增加孩子的自信心，使他们在享受亲子互动的同时，更加乐于接受运动带来的挑战。

在这个快节奏的现代社会中，家庭成员之间的互动逐渐减少，而通过设计这样的亲子活动，能够为家庭创造一个轻松愉快的氛围，让家长有机会释放工作压力，专注于与孩子交流。这样的活动不仅是一次简单的游戏，更是联系家庭成员之间情感的纽带。随着时间的推移，这种亲子互动将形成一种良好的习惯，为孩子的成长提供更加坚实的情感基础。通过亲子跳绳儿歌活动，家庭的温暖与爱意将得以传承，营造出更加和谐的家庭环境。

2. 家庭跳绳挑战

家庭跳绳挑战不仅是一种富有趣味性的活动，同时也是促进家庭成员间互动和亲子关系的重要方式。通过制作家庭跳绳教学包，可为家庭提供一个易于实施的运动方案，使每个成员都参与其中。家庭跳绳教学包，包括跳绳儿歌的歌词和简单的跳绳教程。跳绳作为一种简单而有效的有氧运动，能够帮助孩子们增强体质，提升协调性和灵活性。通过加入儿歌的元素，不仅能提高孩子们的兴趣，还能在跳绳过程中培养他们的节奏感和韵律感。

在教学包中，歌词的设计应考虑到不同年龄段孩子的认知能力和理解能力，可采用简单易记的语言和富有趣味性的内容，这样才能更好地吸引孩子的注意力并激发他们的参与热情。同时，教程应当包括逐步的技巧指导，帮助孩子们从基础的跳跃开始，逐渐掌握更复杂的跳绳技巧，如双人跳绳或花样跳绳。这样的渐进式练习不仅能增强孩子们的自信心，也能培养他们的毅力。

此外，家庭跳绳挑战还能促进家庭成员之间的团队合作与沟通能力。家庭成员可以互相鼓励和支持，共同克服挑战，形成积极向上的家庭氛围。通过定期的跳绳活动，家庭成员之间能够在轻松愉快的环境中增进感情、分享快乐，形成共同的记忆和体验。这种亲密的互动不仅有助于身心健康，也为家庭的和谐发展奠定了基础。

三、突出学校和社区的角色

学校和社区是传承和发扬跳绳儿歌的重要场所。跳绳推广者可以与学校合作，将跳绳儿歌融入体育课或课后活动中。通过组织跳绳比赛、表演等活动，不仅能增强学生的身体素质，还能提高他们对传统文化的兴趣。此外，社区中可以举办跳绳儿歌工作坊，邀请家长和孩子一起参与。通过这样的活动，学校和社区共同构建了一个支持传统文化传承的生态系统。在这个系统中，学校不仅是知识的传播者，更是文化的守护者。跳绳儿歌作为一种富有地方特色的传统文化，蕴含着丰富的历史和文化内涵，能够帮助学生在参与体育活动的同时，感受到传统文化的魅力。

首先，将跳绳儿歌融入体育课程中能够让学生在锻炼身体的同时接受文化熏陶。传统的跳绳儿歌往往伴随着特殊的韵律和节奏，能激发学生的节奏感和协调能力。教师可以设计一些与跳绳相关的课程，如结合儿歌的内容进行分组比赛，激发学生的竞争精神和团队合作意识。通过这种方式，不仅能提升学生的身体素质，还能让他们在潜移默化中学习到跳绳儿歌的文化背景和历史，进而增强对本民族文化的认同感。

其次，组织跳绳比赛和表演活动，能够促进学生之间的互动与交流。在比赛和表演中，学生们不仅展示了个人技巧，更能在团队合作中形成深厚的友谊。这种互动不仅仅限于学生之间，家长也可以参与其中，从而进一步拉近家庭与学校的距离。家长的参与不仅能增强家庭对传统文化的认同感，更能让孩子在与家长的互动中体会到文化传承的重要性。当家长与孩子共同学习跳绳儿歌时，家庭的文化氛围将变得更加浓厚，形成良性的文化传承链条。

再次，社区可举办跳绳儿歌工作坊，丰富跳绳文化的传播形式。在社区中，邀请家长和孩子共同参与活动，能够有效增强社区的凝聚力。通过工作坊的形式，社区不仅为孩子们提供了一个学习和展示的平台，同时也为家长提供了了解和参与传统文化的机会。在工作坊中，参与者可以学习不同地区的跳绳儿歌，了解其背后的故事和意义，增进对地方文化的理解和热爱。这样的活动不仅丰富了社区文化生活，也为传统文化的持续传承创造了良好的环境。

最后，学校和社区的合作，不仅能有效推广跳绳儿歌，还能激发学生和家长对传统文化的关注和热爱。通过跨学科的合作，教育者可以结合音乐、体育、历史等多方面的知识，构建一个综合性的教育模式。这种模式不仅能提升孩子们的综合素质，也为他们提供了一个多元化的学习环境，使传统文化的学习不再单一枯燥，而是变得生动有趣。

综上所述，学校和社区在跳绳儿歌的传承与发扬中扮演着至关重要的角色。多样化的活动形式和全方位的参与机制，能够有效激发学生的兴趣，增强家庭和社区的文化认同感，从而实现传统文化的代际传承。未来，我们期待看到更多这样的合作方式，为传统文化的复兴和发展注入新的活力。

1. 学校教育融入

与学校合作，将跳绳儿歌融入体育课程和音乐课程中，通过教育体系进行推广。这一合作不仅能丰富学生的课外活动，还能促进他们的社交能力和团队精神。跳绳儿歌的节奏感和趣味性能增强学生的身体协调性，同时激发他们对传统文化的兴趣。这种跨学科的整合方式，有助于培养学生的综合素质，使他们在运动与艺术之间找到平衡，进而提升整体学习体验。

2. 课程融合

打造"跳绳儿歌＋"课程，研发与跳绳儿歌相关的教学材料和课程，促进其在学校教育中长期融入。在实现"跳绳儿歌＋"课程的过程中，教师需要从多个维度进行深入探讨和创新。

首先，跳绳儿歌作为一种富有趣味性的教学形式，可以极大地提升学生的学习兴趣。在跳绳的过程中，朗朗上口的儿歌不仅能增强学生的节奏感和协调能力，还能有效地促进其语言表达能力和记忆力的提升。因此，在课程设计中，可以考虑将更多的传统儿歌与现代流行元素相结合，创造出新的跳绳儿歌，以吸引不同年龄段的学生参与进来。

其次，课程的实施需要结合多种教学策略，例如项目式学习和游戏化学习。设置有趣的挑战和竞赛，可以激励学生在跳绳的过程中不断突破自我，培养团队合作精神和竞争意识。此外，教师还可以鼓励学生自己创作儿歌，这不仅能增强他们的创造力，还能让他们在参与中深入理解跳绳的文化背景与技巧。

最后，为了确保"跳绳儿歌＋"课程在学校中长期融合，学校应当加强对相关教学材料的研发与推广。通过建立教学资源库，教师可以方便地获取和分享跳绳儿歌的教学案例、视频和指导手册，形成良好的教学共同体。同时，定期举办相关的师资培训和交流活动，促进教师之间的经验分享与合作，不断优化课程内容和教学方法，以实现课程的可持续发展。

3. 社区和公共活动

在社区中心、公园举办跳绳儿歌表演和教学活动，吸引家庭和幼儿参与。这样的活动不仅可以提升社区的凝聚力，还能促进家庭和幼儿之间的互动。通过跳绳儿歌表演，孩子们可以在欢快的氛围中锻炼身体，培养节奏感和团队合作精神。跳绳这种简单易学的运动，不仅能增强孩子们的身体素质，还能提高他们的协调能力和反应速度。在活动中，家长的参与也至关重要，他们是孩子的模范，通过共同参与，可以激发孩子的运动兴趣和学习热情。

此外，组织这样的公共活动有助于丰富社区文化生活，提升居民的幸福感。跳绳儿歌表演，能够展示各类创意和才艺，鼓励孩子们在表演中自信地表达自我。这种自我表达不仅能增强孩子的自尊心，还能让他们在与同龄人的互动中学习如何接受他人的评价与反馈，培养良好的人际交往能力。

最后，社区活动的成功举办离不开有效的组织和宣传。通过社交媒体、海报及社区公告等多种方式，能够更好地吸引居民参与。同时，活动后期的总结和反馈收集，也有助于改进未来的活动方案，更好地满足居民的需求和期望。通过不断创新和优化，社区活动将能更有效地推动家庭、幼儿与社区之间的深度融合，让每一个参与者都能在其中受益。

4. 社区支持

建立与社区领导和家长委员会的合作关系，获取社区层面的支持和资源。在建立与社区领导和家长委员会的合作关系中，首先要明确双方的共同目标与愿景，以确保合作的顺利进行。社区领导通常对本地区的需求和挑战有深刻的理解，而家长委员会则能够提供宝贵的第一手信息，反映家长和学生的真实需求。通过定期的会议和沟通，双方可以共同探讨如何利用社区资源，推动教育和社会服务的整合。

此外，合作关系的建立不仅仅是资源的共享，更是相互信任的建立。透明的沟通和共同参与社区活动，能够增强各方的凝聚力，使家长和社区领导能够更积极地参与到学校的决策过程中。在这一过程中，学校可以组织一些社区活动，邀请家长和社区领导参与，以此来增进他们对学校工作的理解和支持。

进一步来说，获得社区支持还应注重多元化，考虑到不同家庭背景和文化的影响。通过了解和尊重社区的多样性，学校可以更好地设计符合不同家庭需求的项目，促进家长的参与感。同时，学校还可以通过社区资源的整合，开展丰富的课外活动，为学生提供更多的学习机会，增强他们的社会责任感和归属感。

总之，建立与社区领导和家长委员会的合作关系，是实现教育资源有效配置和学生全面发展的重要途径。通过充分发挥社区的力量，学校能够创造一个更加包容的教育环境。

第二节　幼儿跳绳儿歌与童谣的发展策略

一、实现传统与现代的有机融合

在推动跳绳儿歌与童谣的发展过程中，最重要的是认识到这种文化形式不仅仅是简单的娱乐活动，更承载着深厚的文化内涵和教育价值。我们应当深入探讨跳绳儿歌与幼儿身心发展之间的关系，特别是在语言能力、社交技能及情感发展的方面。

首先，跳绳儿歌在语言能力的培养方面具有独特的优势。幼儿在学习和唱跳儿歌的过程中，不仅锻炼了语音的发音，还能增强语言的节奏感和韵律感。语言的学习与模仿密切相关，跳绳儿歌的重复性和趣味性可使幼儿在不知不觉中积累大量的词汇和语句结构。此外，儿歌的歌词通常富有情感，能够引导幼儿表达自己的感受和想法，从而提升他们的语言表达能力。

其次，跳绳儿歌为幼儿提供了社交互动的机会。在这个过程中，幼儿不仅仅是独自参与跳绳活动，更重要的是能与同伴一起分享、合作、竞争，这有助于他们建立人际关系和团队意识。在集体活动中，幼儿会学习如何与他人沟通、协作，解决冲突，培养友谊。这种社交能力的提升对他们未来的学习和生活是至关重要的。

再次，跳绳儿歌的学习也是情感发展的重要组成部分。通过参与这一活动，幼儿能够在轻松愉快的环境中释放压力，体验成就感。在成功掌握跳绳技巧并流利地唱跳儿歌时，幼儿的自信心会得到极大提升。同时，儿歌中往往蕴含着友善、团结等积极的情感元素，能够潜移默化地影响幼儿的情感认知和价值观的形成。

在现代社会，科技的发展为跳绳儿歌与童谣的传播提供了广阔的平台。利用数字化手段，我们可以将传统儿歌与现代科技相结合，开发出更多富有创意的学习工具。例如，通过 VR 技术，幼儿可以身临其境地体验跳绳的乐趣，增强对儿歌的感知和理解；而通过在线平台，全球的孩子们可以分享学习跳绳儿歌的经历，形成跨文化的交流和学习。然而，在利用现代科技的过程中，我们也要警惕科技可能带来的负面影响。过度依赖电子设备可能导致幼儿的注意力分散，甚至影响他们的身体健康。因此，在设计相关的学习活动时，我们应当兼顾传统与现代，确保幼儿在参与跳绳儿歌的学习过程中，既能够享受到科技带来的便利，又不会忽视对身体的锻炼和社交互动。

总之，跳绳儿歌与童谣的发展不仅是传承文化的需要，更是促进幼儿全面发展的重要途径。通过精心设计的课程、家庭与社区的协同参与及现代科技的合理运用，我们能够为幼儿创造一个良好的学习环境，帮助他们在游戏中成长，在成长中体验文化的魅力。只有如此，才能实现对传统文化的真正传承与创新，让跳绳儿歌在新时代中焕发出新的生机与活力。

二、促进保护与传承的协同发展

幼儿跳绳儿歌与童谣的发展策略不仅是对传统文化的传承，更是对儿童身心发展的重要促进。通过跳绳这一活动，儿童不仅能锻炼身体协调性和灵活性，还能在培养节奏感和韵律感的过程中提升语言表达能力。儿歌与童谣作为文化载体，蕴含着丰富的历史和地方特色，能够在潜移默化中增强儿童的文化认同感。进一步分析，跳绳儿歌与童谣的发展策略应注重多样化与创新性。

首先，可以结合现代科技手段，如利用动画、音频等多媒体形式，将传统儿歌与现代元素融合，吸引儿童的注意力，增强参与感。其次，教育工作者可以通过组织各种主题的跳绳比赛，鼓励孩子们在游戏中学习，激发他们的创造力和团队合作精神。此外，家庭和社区的参与也是不可或缺的。通过家长和社区志愿者的共同努力，可以开展定期的跳绳活动，帮助儿童在实践中感受传统文化的魅力。 最后，保护和传承不仅仅是对文化形式的保留，更要关注其背后的精神内涵。

跳绳儿歌与童谣承载着人们的情感和智慧，教育者应引导儿童在学习中思考这些文化的意义，从而培养他们的文化自信与责任感。这样，对跳绳儿歌与童谣才能真正实现保护与传承的协同发展。此外，跳绳儿歌与童谣的发展还应关注跨文化交流的机会。通过引入其他国家或地区的跳绳文化，儿童不仅能拓宽视野，还能在对比与融合中增强对自身文化的理解与认同。这种多元文化的体验，不仅丰富了儿童的学习内容，也培养了他们的包容性和创造性思维，使他们在全球化背景下更具竞争力。

三、充分利用媒体与网络在公共传播中的关键作用

跳绳儿歌与童谣的发展要充分利用媒体与网络在公共传播中的关键作用，这不仅是对传统文化的继承，更是对儿童身心发展的促进。随着数字化时代的到来，各种社交媒体和视频平台为儿童文化的传播提供了前所未有的便利。通过这

些平台，跳绳儿歌与童谣可以以生动、直观的方式呈现出来，从而吸引更多的孩子参与学习。

例如，短视频应用可以将传统的跳绳儿歌与生动的动画相结合，创造出富有趣味性的学习环境。孩子们在观看这些视频时，既能在轻松愉快的氛围中学习跳绳技巧，又能感受到儿歌所传递的文化内涵。这种多媒体融合的传播方式，不仅提升了儿童的学习兴趣，还能够培养他们的节奏感和协调能力，有助于身体素质的提高。此外，网络的互动性也为儿歌与童谣的传播开辟了新的路径。家长和教师可以通过网络平台分享自己的创作，或是进行跳绳比赛，打造一个良好的互动社区。这种社区不仅增强了孩子们的参与感，也让家长和教育工作者更好地了解儿童的需求与兴趣，从而有针对性地进行文化传承与教育。

综上所述，充分利用媒体与网络的关键作用，不仅能有效传播跳绳儿歌与童谣，还能在儿童的成长过程中发挥积极的影响，促进他们的全面发展和文化认同。在此基础上，我们还应关注设计更具吸引力的内容，让儿童对跳绳产生持久的兴趣。融入游戏化学习的元素，能够让儿童在参与跳绳活动的同时感受到成就感和乐趣。例如，设置挑战任务和奖励机制，不但能鼓励孩子掌握技能，而且能增强他们的社交能力与团队合作意识。这种创新的传播模式，既让传统文化焕发新生，也为儿童的健康成长提供了丰富的土壤。

第五部分

幼儿跳绳的领航者、组织规则与基本保障

第十六章

和幼儿一起跳起来
——跳绳教师的培养与提升

第一节　幼儿跳绳教师的基本素养与业务要求

一、幼儿跳绳教师应具备的基本素养

在幼儿跳绳教学领域，教师的专业素养对提升幼儿学习效果及其全面发展具有重要意义。幼儿跳绳教师的核心素养包括专业知识、沟通能力、情绪智力和安全观察能力。在具备上述基本素养的基础上，在安全的教学环境中，在幼儿跳绳教师通过专业指导、积极互动，为幼儿创造一个促进幼儿全面发展的平台，充分体现了体育教育的价值与重要性。此外，幼儿跳绳教师的专业素养不仅体现在课堂教学中，还应延伸至课外活动和家庭合作中。教师可以通过组织丰富多样的跳绳活动，鼓励幼儿在不同的环境中实践所学，增强其运动兴趣与参与感。同时，教师应积极与家长沟通，分享幼儿在跳绳学习中的进展与挑战，帮助家庭理解跳绳对幼儿身心发展的积极影响，从而形成教育合力。幼儿跳绳教师的专业素养不仅关乎课堂教学的品质，更影响着幼儿的整体发展与未来的运动习惯。因此，教师应不断提升自身的专业能力，以适应新时代对体育教育的更高要求。

二、幼儿跳绳教师的业务要求

幼儿跳绳教师除了应拥有扎实的基本素养，其专业能力也至关重要，他们更应在教学策略、课程构建、团队合作、终身发展、个性化教学与关怀、评估与反馈能力六个维度上严格要求自己，追求卓越。因此，教师应重视与家长的沟通，鼓励家庭参与，形成家校合力，共同促进幼儿的全面发展。同时，教师可以通过参加专业培训和研讨会，不断更新教学理念，借鉴先进的教育实践，提升自身的专业素养，以更好地适应教育发展的新趋势。此外，教师应积极探索多元化的教学方式，结合游戏化学习和情境教学，激发幼儿的学习兴趣。通过观察和反思自身教学实践，教师能够发现并调整教学中的不足，以促进幼儿跳绳技能的全面提升。这种自我改进的过程不仅有助于教师的专业成长，也为幼儿创造了更加丰富多彩的学习体验。

第二节 幼儿跳绳教师的基本能力与技能水平

一、基本能力与素质

一名优秀的幼儿跳绳教师不仅需要具备卓越的领导才能与团队协作技巧，还应拥有出色的人际交往能力和亲和力。此外，教师还应不断更新专业知识，了解最新的教学方法与心理发展理论，以更好地适应幼儿的需求；同时，注重家庭与学校的沟通，增强家长的参与感，促进儿童在跳绳活动中的积极性和自信心。这样的全方位培养，才能真正实现教育的价值。

二、技能水平

幼儿跳绳指导教师应具备扎实的跳绳技巧、灵活的教学方法及高度的安全意识。在此基础上，教师还应关注个体差异，因材施教，制订适合不同儿童的教学计划。通过观察和评估每个孩子的跳绳能力，教师可以为他们提供个性化的指导，帮助他们克服困难，逐步提高。同时，定期举办跳绳比赛或表演，不仅能增强孩子们的竞争意识，还能提升他们的表达能力和自我认同感。这种多元化的教学策略可进一步丰富儿童的学习体验，培养他们的综合素质。

三、课程设计与规划

在课程设计过程中，教师应充分考量幼儿的兴趣和认知发展阶段。通过整合多样化的教学资源、富有趣味性的跳绳活动以及与幼儿生活密切相关的主题，构建适宜幼儿的课程框架。为确保课程设计的有效实施，跳绳教师须具备计划执行力与组织协调能力。

四、个性化教学的实施

个性化教学的关键在于对个体差异的深度解析及其适应性的有效把握。个性化教学不仅需要关注幼儿的学习风格和能力差异，还应当重视情感因素的影响。通过定期评估幼儿的情绪状态和动机水平，教师可以更好地调整教学策略，创造积极的学习环境，从而促进幼儿的全面发展。此外，技术的运用可以提供实时反馈，使个性化教学更加灵活和高效。

五、评估与反馈技能

幼儿跳绳教师的教学评估与反馈能力体现在有效评估、建设性反馈以及持续学习与专业成长三个关键领域。在这三个关键领域中，教师的有效评估不仅依赖于对幼儿身体技能的观察，还需关注其心理发展和社交能力的全面评估。建设性反馈则应鼓励儿童在尝试中反思，形成积极的学习态度；而持续学习与专业成长则强调教师应定期参加培训，更新教学理念，以更好地适应幼儿的多样化需求。这样的综合能力提升，可促进教师和幼儿的共同发展。

第三节　幼儿跳绳教师的教学设计与执行策略

一、课程设计

设计一个富有创新性与趣味性的跳绳课程对于激发幼儿参与跳绳活动的积极性至关重要。教师在制定幼儿跳绳课程时，应从设定明确的教学目标入手，合理实施分层次教学，并融入创意与趣味性元素。

二、活动设计与组织

幼儿跳绳活动的设计与组织应强调活动形式的多样性，具体涵盖跳绳基本技能的训练、技巧挑战、创意跳绳、竞赛活动、团队协作游戏、创新性活动以及家长参与的项目等。为确保上述活动的顺利实施，团队合作与竞技氛围的营造至关重要。

三、个性化教学策略

幼儿跳绳教学应注重个性化发展，这种个性化教学策略主要体现在差异化教学、个体化指导以及对幼儿进步的关注三个方面。在个性化发展的框架下，教师还应考虑幼儿的兴趣和动机，以激发他们的学习热情。通过结合游戏元素，教师可以设计出更具吸引力的跳绳活动，使每个孩子都能在轻松愉快的氛围中提升技能。这种方式不仅让学习过程更加生动有趣，也为孩子们建立了自信心与团队合作精神，促进了他们的全面发展。

四、技能展示与示范

幼儿跳绳教学示范过程由教师示范与幼儿展示两个环节构成。在教师示范中，教师不仅要注重动作的准确性，还应引导幼儿理解跳绳的节奏感和协调性。通过生动的示范和适当的鼓励，教师可以激发幼儿的学习兴趣，促进他们积极参与。幼儿展示环节则可以进一步增强他们的自信心，教师应及时给予反馈，帮助幼儿发现并改进自身的不足，从而掌握更高层次的技能。

五、反馈与评估策略

为确保幼儿跳绳教学的有效性，实施适当的反馈与评估策略显得尤为关键。实现理想的即时反馈、多元化的评估方法以及明确的目标设定与激励机制是必不可少的。因此，教师在设计跳绳课程时，可以考虑结合音乐、绘画等艺术形式，创造出更具吸引力的教学活动。例如，通过与音乐节奏的结合，幼儿可以在跳绳中体验到节奏感，进而提升他们的协调能力与团队合作精神。

六、教学资源的合理利用

有效利用教学资源是幼儿跳绳教师进行课程设计与确保教学效果的重要前提，主要涉及运动器材的选用及跳绳技术的支持要素。进一步来说，教师在设计课程时还应考虑到幼儿的心理发展阶段，通过游戏化的教学方法增强幼儿的参与感和兴趣。此外，教师可以引入跨学科的元素，如结合数学学习跳绳计数，促进幼儿在运动中获得综合素养。

七、家长和社区的参与

在进行教学设计时，优秀的幼儿跳绳教师应充分考虑跳绳家庭作业的安排与指导策略，以及社区活动与技能展示的有效整合。这样的整合不仅能增强儿童的学习动机，还能促进家庭与社区的互动。通过组织社区跳绳比赛，不仅提升了儿童的技能水平，也增强了社区归属感，营造了积极的学习氛围。

第四节　幼儿跳绳教师的业务提升与考评保障

一、继续教育与专业发展

幼儿跳绳教师的职业发展是一个持续且常态化的过程，唯有不断提升自身的专业素养与技能，才能确保教学效果的显著提升。继续教育与专业成长是不可或缺的途径，通常通过参与培训课程、开展学术研究以及获得专业认证与资质提升等方式来实现。

二、定期的教学评估与自我评价

定期的教学评估与自我反思是幼儿跳绳教师提升专业素养和教学质量的重要依据，主要通过教学效果的评估及自我反省的过程来实现。这种评估不仅有助于教师识别自身的教学短板，还能激发教师在教学方法和策略上的创新。通过建立反馈机制，教师可以从同伴和幼儿的视角获取宝贵的见解，进而形成更具针对性的改进方案。此外，教师之间的交流与合作也能促进专业成长，营造更为积极的教育氛围。

三、幼儿及家长的反馈

幼儿及家长的反馈是评估幼儿跳绳教师教学效果的重要指标，既包括幼儿的评价，也涵盖家长的满意度调查。这种双向反馈机制不仅能提升教师的教学质量，还能增强家庭与学校之间的互动。通过定期收集和分析这些反馈，教育工作者可以更精准地调整教学策略，关注幼儿个体差异。

四、教学成果展示

教学成果展示侧面反映了幼儿跳绳教师的教学实施效果，同时作为一种评估机制，其有效性依赖于幼儿的表现及教学案例的分享情况。通过对教学成果的分析，我们可以发现，不同教师在跳绳教学中的独特方法和策略会直接影响幼儿的参与度和学习效果。因此，教师案例分享不仅促进了经验的交流，更为教学创新提供了灵感。

五、专业社交与协作

专业社交与协作常被视为幼儿跳绳教师职业发展的重要指标，主要体现在教师团队的协同合作及其参与专业组织的积极程度，然而，教师的个人发展同样不可忽视。通过鼓励教师在日常实践中反思自身的教学方法与理念，不仅可以提升其专业技能，还能增强其对教学的热情与创造力。

六、评优与奖励机制

教师在幼儿跳绳教学中的评估与奖励机制，是其教学成果的重要体现，主要表现在教学成就奖及荣誉称号与认可上。此外，教师在评估过程中应关注每个孩子的个体差异，灵活调整激励方式，以激发他们的内在动机。

七、持续改进计划

幼儿跳绳教师的专业发展与评估同样体现在教学方案的调整和反馈机制的优化上。通过不断地实践反思，教师可以更灵活地调整教学策略，以适应幼儿个体差异和发展需求。同时，建立有效的反馈机制，不仅能促进教师与幼儿之间的互动，还能为教师的专业成长提供持续的动力，从而推动整体教学质量的提升。

八、个人职业发展规划

有效的个人职业发展规划是幼儿跳绳教师持续专业成长的基础，而明确的职业目标设定及对高级资质的追求则是其重要保障。因此，教师在职业发展过程中，不仅应关注自身技能的提升，还需积极参与行业交流与合作。通过与同行分享经验和资源，教师能够获得不同的视角和启发，从而形成更为完善的职业发展路径。

注：由于篇幅所限，本章详细内容请扫码阅读。

第十六章完整版

第十七章

无规则不成方圆
——幼儿跳绳竞赛组织与规则

第一节　幼儿跳绳竞赛组织与流程

一、竞赛工作筹备阶段

幼儿跳绳比赛的筹备阶段主要包括五个关键环节：确定赛事性质及主办单位、组建赛事筹备委员会、设立赛事组织委员会、制定竞赛规程以及编制赛事工作计划。

二、赛前工作准备阶段

幼儿跳绳比赛的赛前准备阶段主要涵盖以下几个方面：参赛报名及资格审核、赛事场地及器材配置、赛程安排与秩序手册编制、裁判员的选拔与职责分配，以及赛事组织工作安排与综合协调会议。

三、竞赛运行阶段

幼儿跳绳比赛运行阶段包括报到与接待、召开相关会议、裁判员培训及联调、赛事现场布置及试运转、运动员赛前适应场地、开幕式组织、竞赛过程组织、竞赛成绩公布、闭幕式的组织和赛场整理和器材归位等内容。

四、竞赛结束阶段

幼儿跳绳比赛结束后的后续工作主要涉及成绩册的编制及赛事总结报告的撰写。

第二节　幼儿跳绳竞赛项目设置

一、计数赛

幼儿跳绳比赛的计数项目主要包括个人速度计数赛、集体速度计数赛以及超级速度挑战计数赛三个模块。

二、跳绳强心挑战赛

幼儿跳绳比赛的跳绳强心挑战赛主要包括个人跳绳强心挑战赛和集体跳绳定数计时跳绳赛两个领域。

三、规定赛

幼儿跳绳的规定赛主要包括个人花样规定套路和个人花样集体规定套路两种类型。

四、亲子赛

幼儿跳绳比赛的亲子赛是幼儿跟一名或多名家长同时进行的一种相互配合与协作的跳绳比赛活动。

第三节　幼儿跳绳竞赛通则与计分办法

幼儿跳绳竞赛通则与计分办法主要涵盖了比赛场地要求、器材规范与着装标准、音响设备及参赛音乐的选用、比赛口令的使用、赛场礼仪、比赛顺序、选手检录与重赛程序、失误与违规行为的处理、成绩无效的情形与申诉流程、参赛者的资格要求以及计分方式等方面的内容。

第四节　幼儿跳绳竞赛评分标准

幼儿跳绳竞赛评分标准包括计数赛评分、跳绳强心挑战赛评分、规定赛评分及亲子赛评分四个部分。

注：由于篇幅所限，本章详细内容请扫码阅读。

第十七章完整版

第十八章

幼儿跳绳教学与训练的基本保障

  教学与训练的保障措施能确保跳绳活动的顺利实施及其预期效果的实现。这种现代化的保障体系应涵盖多个方面，包括安全保障、设施保障和物资保障等。

第一节　安全保障

  跳绳教学与训练的安全保障主要关注幼儿的身体健康和营养饮食等因素。在幼儿跳绳的教学与训练中，安全保障至关重要。因此，在每次课程开始前及结束后，应对幼儿的身体状况、情绪及安全等进行全面检查与评估，以确保教学与训练的每一个环节都在安全和科学的框架内进行。安全保障应从以下几个方面着手。

  第一，提供营养均衡且健康的饮食，依据教学与训练计划为幼儿制定合理的膳食安排。

  第二，确保教学环境的安全、卫生和整洁。

  第三，提供必要的医疗支持，确保幼儿在遇到健康问题时能够及时获得治疗与帮助。

  第四，制定多项教学与训练的安全预案，确保在突发事件发生时能够迅速有效地处理，避免产生负面影响。

第二节　设施保障

  设施保障是教学与训练的重要组成部分，涵盖教学场地、设备和资料等方面。设施保障应重点关注以下几点。

第一，合理规划教学与训练场地，提供充足的空间与设施，确保训练的适宜性与有效性。

第二，提供全面的教学与训练资料，包括书籍、视频及网络资源，以支持幼儿在课余时间的自主学习与巩固。

第三，配备专业且负责的教师或教练，确保教学过程及技术传授的科学性、有效性与专业化。

第三节　物资保障

在组织跳绳教学与训练时，物资准备同样至关重要。以下物资的准备是确保跳绳活动顺利进行的基础保障：

一、跳绳

跳绳是基本的教学工具，应准备多种类型的跳绳，以满足不同水平和需求的幼儿。应根据幼儿的不同身高、体重及使用习惯，选择合适的长度、重量和材质，以确保幼儿能够获得最佳的学习体验。

二、音响设备

音响设备在跳绳教学中是不可或缺的辅助工具，主要用于播放音乐和指令。通过音响设备，教师能够有效地管理幼儿，传达指令与指导，同时营造出愉悦的学习氛围。

三、运动服装和运动鞋

舒适的运动服装能够帮助幼儿更加专注于跳绳的学习，同时降低肌肉拉伤或受伤的风险。运动鞋则为幼儿的脚踝和关节提供充分的保护与舒适性。

四、教学道具

为了更有效地进行跳绳教学与训练，可以准备一些教具，以便教师进行讲解和示范跳绳动作及技巧，进而提高教学效果。

第四节　人员保障

在跳绳教学与训练过程中，人员保障是确保教学活动顺利进行的关键因素。幼儿跳绳教学与训练的人员保障主要包括以下几个方面：

一、专业教师

专业教师是幼儿跳绳教学的主导者，在教师的指导下，幼儿能够迅速掌握跳绳的基本技巧，提升其跳绳水平。因此，为确保教学质量，应选择经验丰富的教练，他们能够激发幼儿的学习兴趣，提升幼儿的跳绳技能。

二、安全保障人员

尽管跳绳是一项低风险运动，但依然需要配备安全保障人员。他们负责检查场地的安全性和周围是否存在障碍物。在跳绳过程中，安全保障人员还需密切关注幼儿的表现，防止意外伤害的发生。此外，他们还需负责应急情况的处理，遇到突发状况时，应及时采取措施保障人员安全。

三、组织管理人员

组织管理人员是整个跳绳教学活动的核心团队。在教学活动开始之前，组织管理人员需对场地进行全面检查，以确保教学活动的顺利进行。在教学过程中，他们需密切关注幼儿的活动进展，并根据实际情况进行调整。此外，组织管理人员还需与各方进行沟通与协调，以确保跳绳教学活动安全、有序、高效地开展。

四、医护人员

在跳绳活动或长时间的教学课堂中，应配有医护人员。他们负责处理幼儿突发的健康问题，如低血糖、中暑等。医护人员应携带急救药品和器械，以便在紧急情况下进行救治。

参考文献

[1] 彭明秋，王晓莉. 357 例 3～6 岁儿童骨密度水平及影响因素分析 [J]. 中国生育健康杂志，2019, 30(1): 11–14.

[2] 刘再贵. 少儿力量训练"八忌" [J]. 体育教学，2009, 29(5): 66.

[3] 张英波. 动作学习与控制 [M]. 北京：北京体育大学出版社，2014.

[4] 周喆啸，顾耀东，李建设，等. 从动作发展视角看 3～6 岁幼儿功能性练习方案的设计与实证研究 [J]. 首都体育学院学报，2021, 33(2): 187–198.

[5] 佩恩，耿培新，梁国立，等. 人类动作发展概论 [M]. 北京：人民教育出版社，2008.

[6] 罗金良. 济南市 3–10 岁儿童跨步跳动作发展特征之研究 [D]. 济南：山东师范大学，2013.

[7] 尹利华，王云涛，张芳芳. 3～6 岁幼儿投掷动作发展特征及改善方案 [J]. 湖北体育科技，2019, 38(5): 427–430.

[8] 张颖等. 基于人类动作发展视角的幼儿动作发展规律研究进展 [J]. 四川体育科学，2019, 38(2): 37–39+52.

[9] 罗小红. 新时代背景下我国跳绳运动发展现状研究 [J]. 西部皮革，2019, 41(22): 49–50.

[10] 咸春东. 对花样跳绳动作内容及其基本教学方法与步骤的研究 [D]. 北京：北京体育大学，2015.

[11] 王俊保. 花样跳绳在济南市小学体育教学中的实践研究 [D]. 济南：山东师范大学，2016.

[12] 李道营. 花样跳绳对大学生平衡能力影响的实验研究 [D]. 曲阜：曲阜师范大学，2019.

[13] 邱丽玲. 中国跳绳竞赛项目设置与竞赛方法研究 [D]. 北京：北京体育大学，2009.

[14] 张平华. 运动训练对低体重女大学生心率、血压的影响 [J]. 湖南科技学院学报，2007 (9): 152–154.

[15] 靳小三. 小学生体质健康促进的家校体育结合实施路径研究 [D]. 石家庄：河北师范大学，2018.

[16] 杨清敏. 浅析大众健美操对儿童少年身体发展的影响 [J]. 当代体育科技，2015, 5(9): 249+251.

[17] 龙珍珍. 基于儿童身体发展的体育舞蹈训练研究 [J]. 当代体育科技，2020, 10(13): 184–185.

[18] 孙殿玮. 例谈如何在随机教育中激发幼儿的学习兴趣 [J]. 延边教育学院学报，2016, 30(6): 113–115.

[19] 顾浩．山东省高校跳绳运动推广路径研究 [D]. 曲阜：曲阜师范大学，2022.

[20] 张怡坤，李耀章．体育教学中基于 RAMP 体系的准备活动对小学生热身效果的影响 [J]. 青少年体育，2023 (5)：47−50.

[21] 刘伟，叶生安．体育课分组教学形式的探讨 [J]. 康定民族师范高等专科学校学报，2004 (4)：103−106.

[22] 张华．体育课中的分组练习 [J]. 苏州教育学院学报，1995 (3)：70−71.

[23] 周慧夏．简析小学体育课堂教学中放松环节设计策略 [J]. 运动，2017 (20)：120−121.

[24] 侯倩雯．让孩子快乐成长：谈幼儿园户外游戏的有效开展 [J]. 家长，2021 (1)：181−182.

[25] 全国体育院校教材委员会．运动训练学 [M]. 北京：人民体育出版社，2000.

[26] 王步标，华明．运动生理学 [M]. 北京：高等教育出版社，2011.

[27] 冯百跃．论舞蹈训练方法 [J]. 北京舞蹈学院学报，2006 (3)：11−23.

[28] 余菊萍．谈幼儿园里的阳光体育：户外活动 [J]. 快乐阅读，2013 (10)：122.

[29] 吴珊珊．有效开展幼儿园户外体育活动的策略探析 [J]. 当代家庭教育，2023 (14)：82−85.

[30] 南天涯，杨风，骨志敏．5 ～ 6 岁幼儿花样跳绳教学训练的开发与实践研究 [J]. 体育科技文献通报，2020, 28(7)：46−47 + 80.

[31] 黄惠娟．在幼儿园大班开展跳绳运动的实施策略及成效 [J]. 福建基础教育研究，2022 (12)：135−137.

[32] 刘欣然．大班幼儿花样跳绳四阶式：实践与指导策略 [C] // 中国陶行知研究会．2023 年第七届生活教育学术论坛论文集．[出版者不详], 2023 (7)：245−247.

[33] 潘绍伟，于可红．学校体育学 [M]. 3 版．北京：高等教育出版社，2015.

[34] 段泽宇．小学体育课堂冲突现象研究：基于长沙市六所小学的考察 [D]. 长沙：湖南师范大学，2021.

[35] 周臻祥．"双减"政策下小学体育课堂分层教学模式探析 [J]. 体育视野，2023 (14)：77−79.

[36] 卞春芳．激励教学策略在小学体育跳绳教学中的运用分析 [J]. 作文成功之路 (下)，2017 (2)：28.

[37] 钟进聪．广州市中小学开展"阳光体育运动"的现状调查和分析 [D]. 成都：四川师范大学，2017.

[38] 席宏．个性化教学模式在小学信息技术课程中的应用 [J]. 学周刊，2022 (4)：123−124.

[39] 马雅楠．《国家学生体质健康标准测试》对小学教学的影响：以兰州市城关区为例 [J]. 体育教学，2023 (S1)：28−32.

[40] 蒋苗苗．英美两国家长参与学校教育的研究及启示 [D]. 曲阜：曲阜师范大学，2014.

[41] 杨纪锴．"体教融合"背景下青岛市篮球后备人才培养现状研究 [D]. 天津：天津体育学院，2023.

[42] 王京红．探究新课程理念下高中教育教学管理的优化路径 [J]. 教学管理与教育研究，2023, 8(18)：40−42.

[43] 张明．简论小学体育教学对学生创造性思维的培养 [J]. 新课程研究，2023 (32)：86−89.

[44] 胡逸青. 体育器材在小学体育训练中的实践与探索 [J]. 文体用品与科技，2023 (22): 143–145.

[45] 李凌. 音乐游戏在小学音乐课堂教学中的应用研究 [J]. 文科爱好者，2023 (5): 113–115.

[46] 袁晓妍. "目标化分解"视域下的初中历史人物教学研究 [D]. 上海：上海师范大学，2022.

[47] 陈彦颖，刘玥. 针对中小学生的科普产品设计研究：以 CPR 急救知识科普产品设计为例 [J]. 创意设计源，2019(4): 65–70.

[48] 梅家铭. 跳绳在小学体育教学实践中的编排及应用 [J]. 冰雪体育创新研究，2023(22): 119–121.

[49] 王敏，吴震，杜之波. 基于 OBE 理念的网络攻击与防御课程教学设计 [J]. 电脑知识与技术，2023, 19 (21): 155–158.

[50] 李昌辉. 体育教学中差异化教学的思考 [J]. 成才之路，2020 (19): 90–91.

[51] 赵慧臣，竺依炜，刘革. 我国现代远程教育的政策法规年表建构与分析 [J]. 重庆广播电视大学学报，2013, 25 (4): 7–13.

[52] 闫瑞，王保金. 对大学体育个性化教学创新改革的探讨 [J]. 文体用品与科技，2020 (19): 175–176.

[53] 孙炜. 如何提高高中体育教育教学的有效性 [J]. 知识文库，2023 (10): 48–51.

[54] 樊冬菊. 西安市高中体育教学评价的问题与对策研究 [D]. 西安：西安外国语大学，2018.

[55] 金野，宋永宁. 多元智力理论对特殊儿童教育的启示 [J]. 长春大学学报（社会科学版），2007 (1): 97–100.

[56] 臧瑞功，韩淑娟. 小学体育跳绳教学的开展与指导策略分析 [J]. 中国高新区，2018 (8): 112.

[57] 娄静. "一校一品"背景下河南省花样跳绳示范小学跳绳活动开展情况调查与分析 [D]. 郑州：河南大学，2021.

[58] 邓人玮. 高校辅导员学生管理工作中沟通机制的构建对策探析 [C] // 广东省教师继续教育学会. 广东省教师继续教育学会《教育与创新融合》研讨会论文集（一）. 永州职业技术学院，2023: 4.

[59] 勾彩虹. 合作学习法在小学花样跳绳教学中的应用研究 [D]. 兰州：西北师范大学，2020.